U0504893

中国脱贫攻坚
县域故事丛书
County-level Story Series on
Poverty Alleviation in China

中国脱贫攻坚
泽普故事

全国扶贫宣传教育中心 组织编写

人民出版社

序言 以"胡杨"精神实施脱贫攻坚

泽普,维吾尔语意为"飘着金子的河",汉语意为"广泽惠普"。位于叶尔羌河与提孜那甫河冲积扇中上游,是古丝绸之路的重要驿站。全县辖 14 个乡镇(场)、151 个行政村(社区),全县总人口 22.5 万人,农村人口 15.3 万人,共有维族、汉族、塔吉克族、回族等 19 个民族,其中少数民族人口占 79%,汉族占 21%。全县总面积 989 平方公里,耕地面积 57 万亩,其中林果面积 53 万亩,绿洲面积占 86.3%,森林覆盖率 38.7%,是典型的沙漠绿洲地貌。泽普享有"梧桐天堂、胡杨水乡、精品枣都、寿乡之冠"的美誉,有"华夏梧桐第一县"和"中国有机红枣种植面积最大县"两项上海大世界吉尼斯纪录,荣获了全国民族团结进步模范县、国家卫生县城、全国文明县城、全国生态文明示范县、国家园林县城、全国义务教育发展基本均衡县、全国人居环境范例奖、全国十佳休闲小城、"四好农村路"全国示范县等诸多殊荣,是自治区首批平安县和优秀平安县。

泽普县是国家级深度贫困县。由于自然条件、资源禀赋等原因,泽普县贫困人口多、贫困程度深,脱贫难度大。面临着区位劣势、信息闭塞、思想落后;贫困程度深、扶贫面广、扶贫量大;基础设施薄弱,公共服务水平低;产业发展落后,产业带动能力不足;贫困人群整体素质不高,自我发展能力不强。如何打赢脱贫攻坚战,带领全县各族群众过上好日子？这是泽普县委、政府肩负着的历史重任和时代使命。

胡杨，生命力极强，能忍受荒漠中干旱、多变的恶劣气候，"生而一千年不死，死而一千年不倒，倒而一千年不朽"，被维吾尔族群众称为"英雄树"。胡杨精神就是百折不挠、顽强坚韧，特别能吃苦、特别能战斗的精神。泽普县认真贯彻习近平总书记关于扶贫工作的重要论述，全面落实党中央、国务院和自治区决策部署，把脱贫攻坚作为最大的政治任务，举全县之力聚力脱贫攻坚工作，聚焦社会稳定和长治久安总目标，始终按照党中央提出的"精准扶贫、精准脱贫"基本方略，以"六个精准"为主线，坚定坚决落实自治区党委和地委确定的"七个一批、三个加大力度、十大工程、五项增收措施"决策部署，健全工作机制，配齐配强力量，压实脱贫责任，允分调动广大群众的内生动力和不服输、不怕苦的精神，攻坚克难、爬坡过坎，通过五年脱贫攻坚，全县累计有 38447 名贫困人口达到了脱贫标准，贫困发生率从 2014 年的 25.6% 下降至 2018 年的 0.19%。2019 年 4 月，经自治区批准顺利退出贫困县序列。

目 录
CONTENTS

第1章

扛起脱贫攻坚主体责任

第一节 全时推进：从春耕到冬季攻势

泽普再开脱贫攻坚巩固提升现场推进会

2019 年 2 月 19 日，泽普县召开脱贫攻坚巩固提升现场推进会，再次动员和部署全县脱贫攻坚巩固提升工作任务，为顺利实现全县脱贫攻坚工作各项目标任务奠定坚实的基础。

泽普县按照中央、自治区党委和地委关于脱贫攻坚的系列决策部署，在全县各级党政和广大干部群众的共同努力下，迎难而上、艰辛付出，脱贫攻坚工作得到了自治区党委和地委高度肯定，也预期顺利通过了自治区脱贫攻坚第三方验收，贫困发生率由 2014 年的 25.6%降到 2018 年的 0.19%。全县各级党政以高度的责任感和紧迫感，把思想认识进一步统一到自治区党委、地委安排部署上来，以更大的决心、更明确的思路、更精准的举措，全力以赴确保巩固提升脱贫成效目标实现。

全县各级党政进一步提高政治站位，切实把思想认识高度统一到巩固提升脱贫成效上来，坚定坚决把思想和行动统一到习近平总书记关于脱贫攻坚的重要讲话和重要指示批示精神上来，努力提升理论水平、政治站位、思想觉悟、工作能力，确保在各自分管领域和工作岗位独当一面。坚持问题导向，通过问题整改和举一反三确保实现巩固提升脱贫成效目标，压实整改责任，坚持举一反三，巩固整改成果，把握工作重点，通过抓实各项脱贫措施落地巩固提升脱贫成效，全力以赴落实好产业扶贫工程，落实好就业扶贫工程，抓实项目和用好资金，做好五项保障工作，查薄弱补短板。以点串线带面，坚持脱贫攻坚与乡村振兴和改善人居环境有机结合，推进重点领域综合整治，推进精细化管理，推进行为习惯养成，明确职责分工，切实加强巩固提升脱贫成效的组织领导，强化责任担当，强化作风转变，强化追责问责，继续以习近平新时代中国特色社会主义思想为指导，围绕社会稳定和长治久安两项重点工作，主动担当、善于作为、绵绵用力、久久为功，确保实现巩固提升脱贫成效目标实现。

春季农业生产现场推进会

2019年3月24日，泽普县召开2019年春季农业生产现场推进会，就如何做好当前全县春季农业生产工作进行安排部署。

与会人员先后深入赛力乡和古勒巴格乡，就核桃果树修剪、疏

泽普县 2019 年春季农业生产现场推进会

密、追肥、病虫害防治,冬小麦除草、打药等相关管理工作进行观摩。县农业、林业部门的相关负责人现场对核桃树疏密、追肥、石硫合剂喷施以及冬小麦管理工作的技术要点进行了讲解,并现场进行示范。

全县各乡镇(场)进一步提高认识,统一思想,认真做好果树疏密、补造、修剪、追肥浇水、病虫害防治,冬小麦田间管理,玉米播种、棉花播种,马铃薯苗期管理,抓好示范园建设,农机安全生产和备耕等各项工作,确保春季农业生产顺利开展,同时也要认真做好重大动物免疫防控、良繁中心标准化养殖、技术指导等方面的相关工作,提升畜牧业整体效益,巩固提升脱贫成效。

全县各乡镇(场)要充分认识到做好春季农业生产工作对全县农业发展的重大意义,把握有利农时、抓住关键时间节点,提前谋划、及时动员,加快春耕备耕农业生产进度。

各乡镇(场)要统筹协调、综合发力,合理调配人员,发挥站所、农业技术人员的作用和优势,深入田间地头提供技术服务和指导,积极引导农民群众科学种植、科学管理,确保全县农业持续增产、农民持续增收、农村持续发展。

夏季农业现场推进会

泽普县召开脱贫攻坚暨夏季农业现场会,对脱贫攻坚成果巩固和做好当前"三夏"工作进行安排部署,动员全县各级党政、各部门全面发动群众,采取管用有效的措施,扎实做好"三夏"农业生产工作,为脱贫攻坚成果巩固提供保障。

与会人员实地观摩了依玛乡的 8 个村,对特色林果夏季管护、特色经济作物管理、庭院经济发展、人居环境整治、劳动力转移就业等方面的好做法、好经验进行了学习借鉴。

会议要求各乡镇(场)、各部门提高政治站位,准确把握形势,充分认识抓好"三农"工作的重大意义。要聚焦总目标,充分发挥部门职能作用，切实抓好"三夏"生产各项工作，确保"三夏"工作顺利有序开展。

会议要求，全体参会人员要以观摩推进会为契机，看出效果、寻找差距，结合各乡镇（场）实际，持续推进产业、特色林果精细化管理、乡村环境整治等方面的重点工作，要通过抓好宣传、培训、服务等工作，落实各项惠民政策，增强各族群众感党恩、听党话、跟党走的意识，提高科学种田本领，向土地要效益，向管理要效益，促进增收脱贫。

县相关领导及各乡镇（场）主要领导、县直各相关单位部门负责人参加了会议。

"冬季攻势"现场推进

2019年1月31日，泽普县召开脱贫攻坚"冬季攻势"现场推进会，全面分析脱贫攻坚工作进展情况，安排部署下一阶段脱贫攻坚工作。

与会人员先后深入阿依库勒乡帕合提其村、库依巴格村，古勒巴格乡阿尔肖巴扎村、上阿热硝村，赛力乡依玛村，通过实地观摩、听取介绍的方式，对红枣冬季修剪、核桃接穗采集、人居环境整治、稳定就业、土地流转、清产核资、职业技能培训及煤改电工程建设工作开展落实情况进行了观摩学习。

会议要求全县各级党政干部要提高认识、统一思想，认真学习各示范点独具特色的经验做法，详细梳理工作落实情况，统筹做好各项重点任务，全面推进脱贫攻坚"冬季攻势"的各项工作。树牢强烈的政治意识、纪律意识、责任意识和紧迫意识，要从思想深处重视脱贫攻坚"冬季攻势"工作，要进一步提高思想认识，在思想上和行动上与上级党委保持高度一致，以此次推进会为契机，结合各自乡、镇、村实际，对当前脱贫攻坚"冬季攻势"各项工作开展情况进行梳理，查找自身不足，迅速补齐短板，认真对照，狠抓落实，以优异的成绩为人民群众交一份满意的答卷。

第二节　全员参与：从生产到生活服务

组织部"送课下乡"

为认真贯彻落实党中央、自治区党委精准扶贫、精准脱贫基本方略，充分利用今冬明春开展脱贫攻坚"冬季攻势"，提升我县贫困村党员干部能力素质及脱贫致富的决心，助力全县打赢脱贫攻坚战，县委组织部在全县 10 个乡党校举办了贫困村党员脱贫攻坚"送课下乡"培训班。

泽普县依玛乡贫困村党员脱贫攻坚"送课下乡"培训大会

　　培训班共举办 10 期，每期 2 天，依托各乡党校举办，县委组织部结合当前全县脱贫攻坚工作实际和农村党员干部迫切需要精心编排培训课程，覆盖了上级脱贫攻坚决策部署和重要会议精神、扶贫和创业优惠政策、农村法律政策、种养殖技术等内容，组织部联合扶贫办、农业局、民政局、社保局等 8 个部门，以"送课下乡"的形式组织实施，培训采取专题授课、现场答疑、组织讨论等方式进行，全县 40 个贫困村 1300 余名村"两委"班子成员、农民党员参加了培训。

　　学员们纷纷表示，培训主题突出，课程安排内容丰富切合实际，不仅教政策、教办法，还教技能，对下一步落实好抓党建促脱贫攻坚工作起到了很好的推动作用。作为贫困村党员干部，将不断发挥自身作用，做农村经济发展的"带头人"和服务群众的"贴心人"，在发展农村经济、带领群众致富中发挥引领和带动作用。通过培训，进一步激发了贫困村的创新活力，提高了贫困村党员干部的带头致富能力。

交通局：乡村美丽路通畅

　　"全面奔小康，关键在农村；农村奔小康，基础在交通。"近年来，泽普县认真贯彻落实习近平总书记"四好农村路"系列重要指示批示，牢固树立"绿水青山就是金山银山"的发展理念，坚持把"四好农村路"建设作为助力扶贫攻坚、美丽乡村建设的重要抓手，凝心聚力，全面推进，实现县县通高速、乡乡通等级道路、村村通油路，贯通各村民小组的目标，不但改变了全县行政村的交通面貌，也让村民走上了致富大道。

　　"近年来，我们村发生了翻天覆地的变化，在党和政府的帮助和关怀下，我们家住上了漂亮干净的安居房，家门口也通上了柏油路，我们出门也很方便。"在赛力乡荒地村，一条条柏油路宽阔平坦，路两边一排排整齐划一的红顶白墙，平房前修饰着设计独特的栅栏墙画，让乡村变得格外整洁。该村的穆凯热木·沙迪尔说，以前村里的公路是泥结碎石路，汽车通行困难，出门尘土飞扬，环境也很乱，但是近年来，在党和政府的帮助下，村里不仅盖了安居房，而且柏油路也直接通到了家门口，环境也变得越来越美了。

随着乡村道路的不断建设，不但改善了村里的环境，同时为村民在农副产品销售方面带来了很大的方便。布海加尼·买买提说，以前由于村里路不好，老板也不愿意去家门口收购，家里的核桃、红枣等农副产品成熟后，销售就成了困扰他的一大难题，近年来，随着乡村道路的建设，村村通了柏油路，在农副产品销售方面再也不用发愁了。

赛力乡荒地村的变化是泽普县农村道路发展的缩影。现如今，走进泽普县各乡村，一条条笔直、宽阔的柏油路直接通到了农民家门口，四通八达的农村公路建设让广大农民群众的幸福指数不断提升。

随着村里的变化、村民生活的改变，各乡镇还利用周一升国旗、村规民约等方式，不断教育引导村民群众树立"护好门前路，扫好门前路"的思想意识，让村民逐步养成了养路护路的良好习惯。

泽普县笔直的乡村公路

村民布祖热木·阿吾提说："以前家门前都是土路，出门很不方便，现在党和政府给我们修了柏油路，现在出门很方便，我们每天早晨起来打扫卫生，我们也会保护好马路。"

随着乡村道路的建设，全县公路规模实现了由"线"成"网"，道路质量由"通"向"好"的目标，形成了县道辐射城乡、乡道往来交织、村道阡陌纵横的便利交通格局，极大地缩短了县城与乡镇间的距离，村民过上了"出门是马路，抬脚上公交"的好日子，农民出行迈入了"汽车时代"，开通县内客运班线 22 条，发往各乡镇的班线车辆 276 辆，乡镇场通班车率 100%。

近年来，泽普县加快推进乡村道路设施建设，坚持把互联互通作为重点，以"道路通，百业兴"为目标，着力解决全县乡村行路难问题，累计投入资金 4.4 亿元，全县农村道路总里程达到 1808.98 公里，在全疆率先实现所有行政村全部通沥青路的目标，改变了泽普县交通面貌，有效带动了特色种养、客货运输、乡村旅游等产业，有力促进了农村经济社会发展，为服务乡村振兴战略，全面建成小康社会打下坚实基础。

医疗保障局组织政策宣讲

为进一步巩固脱贫实效，落实好群众工作，泽普县医疗保障局紧盯各族群众医疗保险政策知晓率不高的问题，以"边、偏、散"乡村为重点，组织业务骨干借助周一升国旗"三结合"、农民夜校等平台，用通俗易懂的语言对医疗保险政策进行宣讲，逐步提高各族群众政策知晓率。

宣讲中，泽普县医疗保障局宣讲工作人员结合身边的实例、用"包谷馕"式的语言，对城乡居民医疗保险政策进行深入浅出的讲解宣传，群众慢慢由不理解被动参保逐步向理解主动参保转变，很大程度上提升了各族群众对城乡居民医疗保险政策的知晓率与参与率。此次大宣讲为期 12 天，覆盖泽普县"边、偏、散"村 17 个。目前，已开展专题宣讲 6 场次。

泽普县医疗保障局还组织干部职工借助"四同四送"等契机，开展"一对一"宣传；通过"泽普零距离"、QQ 群、微信群等新兴媒介平台，宣传城乡居民医疗保险政策；充分发挥各定点医疗机构、定点药店等单位公告栏、电子屏等平台，广泛宣传城乡居民医疗保险政策。

良种繁育中心送羊到户

2019年3月28日，泽普县肉羊良种繁育中心前人声鼎沸、热闹非凡，这里正在举行发放仪式，为波斯喀木乡、依玛乡、古勒巴乡、奎巴格镇的100户困难群众发放300只羊，帮助他们增收致富。

良繁中心建设是事关畜牧业巩固，提升脱贫成效的重要举措，目前养殖生产母羊6000只，种公羊180只，主要以多浪羊、萨福克羊、湖羊等品种为主，年均发放良种羊羔4500只，户均3只，努力实现户均每年增收2000元以上。各领养户珍惜机会，妥善管护，提高科学养殖技术，努力增加牲畜量，实现增收致富。

"现在，党和政府政策越来越好了，今天，我又领取了3只羊，这些羊对我的家庭增加收入有很大帮助，我心里特别高兴，今后我会好好养这些羊，多挣钱，增加家庭收入，相信今后我的生活会越来越好。"波斯喀木乡喀尔巴格村的努尔比亚·艾合买提在现场也领到了3只羊，她非常高兴，表示将积极参加养殖业培训，加强饲养管理，依靠养殖业，用勤劳的双手增收致富，不辜负党和政府的期望和关怀。

"送羊到户"现场照片

波斯喀木乡喀尔巴格村的凯赛尔·麦提库尔班在领到羊后，笑容满面地说："在党和政府扶贫政策的推动下，我今天领到了 3 只扶贫羊，今后，我会把这些羊喂好，增加家庭收入，感谢党和政府对我的关心关怀。"

泽普县通过采取"政府扶持投资、业务部门监督运行、困难户收益分红"的运营模式，进一步调动了广大群众发展畜牧业的积极性，进一步加快了特色产业开发，为泽普县大力发展循环农牧业，促进农牧业增效增收起到了十分重要的推动作用。

农机局：农机"体检"

泽普县农机局早计划、早部署、早行动，采取各项措施，全力以赴做好农机年度检审工作，为 2019 年春耕生产打下坚实基础。

在波斯喀木乡农业机械审验现场看到，各种型号的农用机械排起了长龙，农机户们正排队等候技术人员对各自农机进行技术性能与安全性能的全面"体检"。

审验过程中，农机局工作人员严格执行检验工作程序，对参加年度检验的农用机动车的制动、转向、灯光、轮胎规格、外观等进行彻底检验，确保整车机况良好。同时，工作人员还向农机户进行农机安全法规和安全常识方面的宣传教育，进一步提高农机驾驶操作人员的守法意识、安全意识、业务技能以及防范事故发生的能力。

泽普县农机局干部马骋说："通过这次审验，可进一步降低农机设备在春耕生产中的安全隐患发生率，提前防范和杜绝人民群众生命财产损失，为春耕生产顺利进行打下良好基础。"

气象局：播撒"科普"种子

2019 年 3 月 18 日下午，泽普县气象局携手阿依库勒乡努尔巴格村"访惠聚"工作队，在该村开展"3.23 世界气象日防灾减灾科普"

宣传活动，向广大群众播撒"气象科普"种子，引导公众关心气象、了解气象和应用气象，促进全民气象科学素质的提升。

活动现场，宣讲干部围绕"太阳、地球和天气"这一世界气象日主题，布置宣传展板、设立气象咨询台，用通俗易懂的语言、图文并茂等形式，生动有趣地向在场群众讲解气候变化及相关气象防灾、减灾的知识，并结合南疆的气候条件进行讲解介绍，宣传气象知识，解答群众的疑惑。活动中接待到场群众100余人，发放各种气象宣传资料200余份。

活动中，气象局台长、驻村工作队队长牙力坤江·吾甫尔就群众特别关心的如何应对春季易发多发的大风、沙尘天气等灾害性天气，做好蔬菜大棚的防范措施，减少经济损失等问题进行了专题讲解，引起了群众的广泛兴趣。

气象日宣传活动现场

"通过此次科普活动，大大提高了群众对气象科技的关注度，积极宣传了气象工作在防灾减灾、应对气候变化、开发利用气候资源、生态文明建设，特别是经济社会建设中的重要作用，传播科学知识，增强了群众科学防灾减灾的意识。今年工作队将发挥自身优势，积极主动做好服务，提高农业防御气象灾害风险的能力。在春耕春播、夏收夏种等关键农事季节和关键性、转折性、灾害性天气来临前，早准备、早安排、早部署，从人员、技术、装备等方面给予全面落实，巩固群众来之不易的脱贫成果。"村党支部"第一书记"工作队长牙力坤江·吾甫尔说。

工作队：呵护富裕新途

"3月20日左右，泽普县将迎来大幅沙尘降温天气，大家再加把劲协助群众做好防风措施，并将苗期管理技术送到每一户农户家中，防止此次风沙降温对设施农业造成不利影响。"在工作队副队长吐逊江·艾合买提的带领下，泽普县农业技术推广中心驻图呼其乡古勒艾日克村"访惠聚"工作队的3名技术专家挨家挨户地走访，查看全村6个小组180余座蔬菜大棚的出苗、长势、成活率状况，检查塑料棚膜的完整度，测试棚内温度，做到万无一失，确保5万株新移栽的西红柿、辣椒、茄子苗结出丰硕的果实。

专家走访村民蔬菜大棚

"吐逊江兄弟，可把你们盼来了，赶紧给我讲讲吧，要不心里没底啊"，还未走到六组农户巴拉提·阿吾提家门口，热情的主人就迎了上来，紧握着吐逊江·艾合买提的双手，进入绿意盎然、生机勃勃的蔬菜大棚。

"第六小组普遍是2月24日前后移栽的西红柿苗，现在已经有20多天了，根已经扎到土壤里，要进行第一次沟灌，水不能漫埂，并尽可能速灌速排，能减少病害的传染；在养分管理上，因为西红柿需肥量较高，在施足基肥的情况下，轻施一次速效性复合肥，每亩用量10—15公斤；要想新苗发育好，还得防止猝倒病和立枯病，现在可以开始买药了，在水中拌匀，进行喷洒，消灭白粉虱和蚜虫等害虫……"还未来得及休息一下，吐逊江·艾合买提就为村民讲解了农时与田间管理要点，村民们纷纷拿笔认真地做着记录。

"除了您刚说的注意事项，您看沙尘来临前，我们还需要做些什么？"巴拉提·阿吾提问出了心中一直以来的疑问。"要保证棚膜完整度，棚内的温度需控制在 20 摄氏度左右，适当地洒水保持湿度。"听着专家的讲解，巴拉提·阿吾提悬着的心落了地，大棚里气氛十分热烈。为巴拉提·阿吾提讲解完，专家组又马不停蹄地奔向下一户农户，用心呵护着承载群众致富希望的一株株莹莹绿苗。

绿色的菜苗连绵成片，在阳光的照耀下轻轻摇曳，在这一片希望的海洋里，春天的气息飘散在每个人心里。工作队副队长吐逊江·艾合买提感慨地说："2018 年通过工作队的宣传引导、技术帮扶和市场引导全村利用房前屋后种植蔬菜大棚，拓宽了村民增收渠道，实现了户均创收 1500 元的目标。今年，我们将继续发挥自身优势，将科学力量转变为生产动力，按照标准化、规范化、产业化要求，培育了挂果周期长、抗病能力强的西红柿、辣椒、蒜苗等 6 种蔬菜苗送至每户群众家，并按小队错开种植，规避集中上市的风险，不断提高群众种植水平，努力将蔬菜种植打造成我村巩固脱贫成效的致富点之一。"

扶贫办：挪"穷窝"置新业

在位于新疆喀什地区泽普县桐安乡移民新村的新家中，热娜古丽·喀尔曼与家人一起准备吃早饭。

告别昆仑山区，搬进温暖的新家，令热娜古丽·喀尔曼一家人牵肠挂肚的事解决了。2018 年 8 月，1149 户农牧民从新疆克孜勒苏柯尔克孜自治州阿克陶县库斯拉甫乡搬迁到 94 公里外的喀什地区泽普县桐安乡移民新村。

一切都是新的。"安居房有暖气，不再挨冷受冻；天然气、自来水、互联网、有线电视都有，以前过日子揪心的难题解决了。"热娜古丽·喀尔曼说。在热娜古丽·喀尔曼的新家里，价值三四万元的装修和家具家电都来自经营商铺所得，电视、热水器、冰箱等一应俱全。"最方便的还是有了卫生间。过去在山上用旱厕，苍蝇到处飞；有了自来水也不用再去河里取水。"

热娜古丽·喀尔曼目前开了一个小商店，丈夫买合肉甫·木拉吧是水暖工，空闲时还开汽车跑运输，全家从搬迁下来到现在已经赚了六万多元。春节前夕，仍在贫困户名单上的热娜古丽·喀尔曼一家主动向乡政府递交了"摘帽"脱贫的申请。

广播电视台：助力"庭院经济"

泽普县广播电视台在依玛乡托格拉克村举行菜苗发放仪式，为当地困难群众发放 6000 棵辣子苗和西红柿苗，帮助村民发展庭院经济。

县广播电视台驻依玛乡托格拉克村"访惠聚"工作队在入户走访中发现，该村许多群众因不懂育苗相关知识，家中庭院种植的蔬菜成活率低。在征求村民意愿的基础上，工作队通过多方联系，将 6000 棵辣子苗和西红柿苗免费发放给村里的群众，并到村民家中为村民讲解种植菜苗的要求，手把手教他们种植菜苗。

村民加纳提古丽·吾斯曼说："为了发展庭院经济，我在自己的房子里育过苗，但是因为不懂技术，所以没有成功，村里的工作队主动帮我们，还亲自到我家里，给我讲解种植的相关知识和要求，十分感谢他们。"

县广播电视台驻依玛乡托格拉克村工作队队长阿里木江·艾山说："因为农民家里温度和湿度没有达标，所以导致好多村民育苗不成功，工作队入户走访中了解到这个

菜苗发放仪式现场

情况后经多方联系拉来 6000 多棵辣子苗和西红柿苗发放给村民，助力他们发展庭院经济。"

"访惠聚"工作队：技术帮扶

人勤春来早，地勤土生金。泽普县各乡镇"访惠聚"驻村工作队纷纷走进群众家中，走进田间地头，走进大棚中，为农民群众"送政策、送技术、送服务"，以实际行动助力农民群众抓好农业生产工作，提高收入，也为促进民族团结发展奠定良好的基础。

在阿克塔木乡恰喀村的阿依古丽·阿不力米提的大棚里，驻村工作队干部正在忙碌，不时为阿依古丽·阿不力米提讲解油桃管理的技术要点。

每年油桃管理的关键期，工作队的干部都会主动来到阿依古丽·阿不力米提家，及时帮助指导她开展油桃管理工作。同时，还为她讲解党和国家的各项惠民政策，长期的帮扶不但让她的林果业管

"访惠聚"工作队走进群众家中

理技术和收入有了很大的提升，也让她对各项惠民政策有了更多的了解。

同样得到帮助的还有村里的种植户蒲双宝，由于家中种植了 7 座大棚，人手不足，每年他都为做好林果业管理而发愁，现在有了"访惠聚"驻村工作队的帮助，及时解决了这一难题，也让他对油桃每年的产量和收入充满了信心。

据了解，阿克塔木乡恰喀村共有 130 余座温室大棚种植油桃，林

果业收入占据当地农民群众收入的绝大部分，工作队队员结合本村实际在为广大群众传播管理技术知识的同时，也增进了彼此的感情，受到了村民的一致好评。

县烟草专卖局驻阿克塔木乡恰喀村工作队队员买热姆尼沙·吐鲁甫说："现在是农业生产的关键时节，我们工作队发挥自身优势，走进农民家中，走进田间地头，给农民群众讲解党的各项惠民政策，帮助农民群众开展农业生产工作，更好地拉近党群干群关系，做好民族团结工作，促进乡村更好的发展。"

驻村干部："田间课堂"助春耕

一年好景在春耕。泽普县阿克塔木乡紧抓春季农业生产关键时节，组织干部帮助缺乏劳动力的群众做好春播备耕工作，为贫困户开展春播技术指导和科学化种植，确保农业生产有序开展，从而达到产业发展、农业增效、贫困户增收的目标。

在阔勒图格艾日克村骏枣精品园，一个"田间课堂"正在热热闹闹地进行着，村"访惠聚"工作队队员和下沉干部走进田间地头，帮助困难群众解决春耕生产中的困难和问题，切实让群众吃了"定心丸"。

村民阿迪力·库尼亚孜说："今年我已多次参加了乡政府、村委会组织的林果管理培训班，掌握了红枣、核桃管理和培育知识，今年我要管理好红枣、核桃种植，进一步增加收入。"

"访惠聚"工作队深入田间地头送技术

下沉干部以开展"入

户走访"为契机，积极宣传党的惠民政策、法律法规，广泛征求意见、倾听群众诉求，通过与群众面对面、点对点的交流沟通，使群众反映的问题在最快的时间内得到解决，避免了矛盾纠纷的积压和信访问题的激化，不仅转变了干部作风，而且增强了基层组织的凝聚力和战斗力。

阔勒图格艾日克村把群众工作作为当前最重要的工作，想群众所想，急群众所急，积极帮助群众解决春耕备耕生产中遇到的困难和问题，深入田间地头、农户家中开展送信息、送技术、送服务等春耕科技"套餐服务"，把党和政府的温暖送到群众心坎里，全力保障春耕生产，确保农民增产增收。

农民合作社：发展产业助脱贫

在阿亚格托扎克其村养殖合作社，5000余只鸡苗非常活跃，这是阿克塔木乡巩固提升扶贫成效，实施产业扶贫的一个缩影。

该村25户农户入股合作社，其中有4户农户以自身劳动力入股，实行24小时轮班换岗，共同参与养殖，孵出鸡苗后进行林下散养，大力发展生态养鸡，增加群众经济收入。

阿亚格托扎克其村支部书记艾尔肯·库迪来提说："目前合作社存栏的鸡成活率达95%以上，为了鸡苗的成长，我们采取'五统一'的管理模式，即统一鸡苗，保证鸡的质量；统一管理，保证标准化鸡舍建设；统一防疫，保证鸡

养鸡大棚一角

的成活率；统一饲料，保证科学喂养过程和饲养周期；统一销售，保证农民和村集体经济收入。"

为把首批鸡养好，调动社员积极性，合作社还邀请乡畜牧站和专业养殖户进行养殖技术、检疫防疫等方面的指导，并组织开展养殖技术培训班，提高社员管理技术。

社员艾孜子·欧斯曼说："我在合作社打工负责养鸡，有固定的工资收入，又能学到专业养鸡技术，我要努力干活，增加收入。"

阿克塔木乡阿亚格托扎克其村"访惠聚"驻村工作队队长、"第一书记"郑克海说："我们准备扩建养鸡大棚，扩大养殖规模，还想把村里空闲的土地都流转过来，开展种养结合的立体养殖，打算近期再进5000只鸡苗，引导群众科学养鸡，做大养鸡产业，推进农业集约化、精细化、生态化，做好特色产业，有效促进产业转型升级和更好地促农增收。"

"访惠聚"工作队：寒冬挥剪为丰产

"冬季的管理是保证果树质量、经济效益的关键时期，还是培养树势、蓄积营养、科学防治病虫害的有效时期，我们要引导群众做好病虫害防治、整形修剪、深翻施基肥等工作……"在泽普县园艺场群众蒲双宝的油桃大棚里"访惠聚"驻村工作队队长罗旭正在给果农宣讲冬季果树管理的重要性。

眼下，正是冬闲时节，泽普县烟草专卖局"访惠聚"驻村工作队抓住时机，针对全村群众依靠3000余亩苹果、油桃为主要收入来源的村情实际，在全村范围内组织开展了入户式冬季果树修剪培训，邀请村里有丰富种植经验的"土专家"授课，讲解果树的科学管理方法，对果树的疏密、枝干的修剪、新果枝的培育、树形的塑造、病虫害防治等方面进行了详细讲解，并手把手地教授修剪技术。同时，还现场解答了果农在果树管理过程中遇到的难题，引导和帮助他们运用科学技术管理果树，为明年果树丰产丰收打下了坚实基础。

"通过现场教学，我学到了很多果树管理知识，也明白了以前我家油桃产量低、品质差的原因，明年我一定能管理好家里的 8 亩油桃！"群众蒲双宝充满信心地说。

寒冬挥剪为生产

"在园艺场，果树的成长和收获直接关系着群众的收益，我们组织入户式果树修剪培训、安排专人跟踪指导，为了明年林果增收打好基础。同时，通过引导让群众认识果园标准化、科学化管理的重要性，树立精品果业意识，用质量创品牌，靠品牌赢得市场，将村里的果树产业做优做强。""第一书记"、驻村工作队队长罗旭说。

良种场：建设高标准农田

泽普县良种场有序推进高标准农田建设，采取一系列措施解决了灌排、道路、农电设施配套，极大地改善了农业生产条件，让群众尝到了高标准农田带给他们的甜头。

走进良种场时，绿油油的麦苗迎风摇曳，放眼望去，田成方块、道路相连、沟渠相通，各族群众正在场部技术员的指导下，进行着田间管理工作。

良种场副场长努尔买买提·沙依木说："我们良种场有 5500 亩地小麦，按照良种生产的要求，每年实行统一犁整地、统一播种、统一管理、统一去杂、统一监管、统一入库的要求，确保全县粮食生产安

绿油油的麦苗迎风摇曳

全，在农田管理过程中，全场技术人员按照栽培模式及高标准农田要求，做好病虫害防治和栽培管理，最大限度实现了提质增效。"

种植户亚森·托合提今年种植了 20 亩小麦，在场部技术人员的指导下，他严格按照栽植要求进行管理，现在小麦的长势很好，今年又会是一个丰收年。他说："现在在场部技术人员的指导下，开展浇水、施肥和除草工作，每年我们都要按照场部的要求，进行统一管理，提高质量和产量，我家的小麦现在长得特别好，预计亩产可以达到 480 公斤以上，收入可以达到 30000 元以上。"

为了提高农田效益，场部每年会做多次技术培训，指导群众掌握农田种植技术要点，统配完成了渠道及道路的配套建设，使小麦种植实现了全程机械化。

现如今的良种场，田间平整肥沃、水利设施配套、田间道路畅通、小麦种植按时节正常栽种，从种植到收割都十分方便，不但提高了土地产量，更提高了经济效益，大家种植的积极性也越来越高。

良种场副场长努尔买买提·沙依木说："为了达到高标准农田的要求，我们修建了六公里的防渗渠，七点五公里的机耕路，同时还利用集体收入，为农民提供了化肥农药等农资，积极引导农民做好农田管理工作，达到了提质增效、农民增收的目的。"

电视机送到贫困户家

在庆祝中华人民共和国成立 70 周年之际，中共中央宣传部、文明办、国家广电总局、中央广播电视台向泽普县建档立卡贫困户中没有电视机的困难家庭赠送了 796 台电视机，切实把党和政府的关怀和温暖送到困难群众家中。

在电视机发放现场，首先对困难群众致以国庆节的问候和美好的祝愿，同时就开展此次活动的目的意义作了说明，希望广大群众使用好电视机，收听收看好电视节目，并宣传好党和政府的政策。困难群众领取液晶电视机后，喜悦之情溢于言表。发放结束后，工作人员一一深入农户家中指导安装、调试等，确保困难群众能正常使用电视机，把好事落实。

阿克塔木乡村民麦麦提努尔·吐尔迪说："我家终于有电视看了，这个新电视画质清晰、声音洪亮，可以接收好多电视节目信号，感谢党的好政策，感谢政府记挂着我，给我这样一份礼物，真是太感谢你们了！"

困难群众纷纷表示：有了电视机，可以更好地了解外面的世界，及时了解最新资讯，又为学习科技知识、掌握党的方针政策创造了条件，增强了脱贫致富的信心和决心。

向困难家庭赠送电视机

第 2 章

打造产业发展优势

第一节　专业服务　助推产业兴旺

新春"大礼"暖人心　小小菜苗助农富

"袁书记，我们温室大棚里试种的辣子、西红柿、茄子、油白菜等蔬菜都出苗了，长得特别整齐，绿油油的真是好看！""尧力瓦斯主任，这可是我们给群众精心准备的礼物啊，4万株菜苗完全可以满足全村159户群众发展庭院蔬菜种植的需要了！"2018年2月13日，泽普县阿依库勒乡上翁热特村村委会主任尧力瓦斯·沙吾提看到大棚里培育的菜苗出了全苗，激动地把这个好消息告诉"访惠聚"驻村工作队队长、"第一书记"袁宏。

泽普县财政局"访惠聚"驻村工作队到位以来，结合该村人多地少的实际，鼓励群众大力发展庭院蔬菜种植，2018年全村家家户户利用闲置的土地，开辟自己的小菜园，出产的蔬菜既满足家人的生活需要，也增加一定收入，但是由于蔬菜上市时间较为集中，加上品种差、产量少，导致效益不明显。工作队得知这一情况后，与村"两委"班子尽早谋划，出资2000元购买优质菜种，租用群众300平方米大棚，进行集中育苗，并与群众一同管理，合理控制温度和湿度，保证了出苗率。目前，菜苗已经长出"两叶一心"，开春后就能为发展庭院小拱棚种植提供免费菜苗。

解决群众育苗难题

在得知工作队免费发放菜苗的消息后，村民托尔地·吐尼亚孜高兴地说："以前，我们都是自己育苗，育出的苗栽种后成活率低，现在由工作队为我们免费发放菜苗，特别放心省事，这份大礼包真的太暖心了。""去年，我家种的蔬菜品种不好，没卖上价钱，工作队提供菜苗可以大大缩短生长期，有效错过上市高峰，而且品种又好，希望菜苗能苗壮成长"，村民阿米娜·阿尤普满心期待地说。

村"第一书记"、工作队队长袁宏说："以前，村民种植蔬菜都是自己购买菜苗或育苗，由于育苗环境要求高、成本高，村民经常为育苗的事发愁，工作队和村'两委'班子集中育苗，'跟踪式'指导帮助，菜苗生长期提前，解决群众育苗难的问题，4 万株菜苗春节后就可以移棚，确保蔬菜提早上市，就能让群众卖个好价钱。"

据了解，阿依库勒乡目前有 8 个村进行了集中育苗，预计产出辣子、西红柿、茄子等菜苗 40 万株，可以满足全乡群众庭院种植，助力增收致富。

企业发放有机肥　助力枣业发展

眼下正值春耕备耕关键时期，泽普县晋泽枣业发展有限公司积极帮扶助力群众春耕生产，为春耕备耕生产提供有机肥 400 余吨，通过各种渠道帮助群众争取农资，为春耕生产顺利进行奠定坚实基础。

晋泽枣业发展有限公司相关负责人还为群众发展特色种植业进行

技术指导，有效调动了他们发展农业生产、农副产业的积极性，也为特色林果的种植和发展奠定了良好基础。

向群众发放有机肥

该乡村民热孜万古丽·吐鲁甫说："我们领取化肥以后很高兴，也给我们讲解了化肥的使用方法，我们一定会好好努力，使我们的林果业有更好的收入和经济效益，相信在他们的帮助下，我们的日子会越来越好。"

近年来，晋泽枣业发展有限公司按照"林果示范基地 + 企业 + 农户 + 市场"的经营模式，在布依鲁克乡和阿克塔木乡建立了 5000 多亩的特色林果示范基地，依托特色林果示范基地，通过林果科学化管理，实现林果业提质增效。

泽普县晋泽枣业发展有限公司总经理李碧瑶说："我们发挥好企业引领优势，引导当地群众按照林果科学化管理，林果产品我们将高于市场价格收购，同时吸纳当地富余劳动力在我公司特色林果基地就业，以增加收入。"

科学管理　让农民增收

10 月正值红枣丰收季，阿依库勒乡泽勒普善村的红枣陆续成熟，枣农纷纷抢抓农时采收红枣，田间地头充满了丰收的喜悦。

该村的巴哈尔古丽·斯地克家有 30 亩地红枣，往年由于管理不好，产量提不上去，为此她十分犯愁，打算拔掉全部枣树。在了解这一情况后，县第五中学驻村工作队和村"两委"邀请技术人员为她传授科学管理技术，再次点燃了巴哈尔古丽增收的希望。她也通过闲

红枣收购现场

暇时间学习技术，选好品种，管理到位。今年，她家的红枣不仅长势喜人，而且含糖量高、口感好，巴哈尔古丽脸上洋溢着丰收的喜悦。

每年红枣开始采摘的时候，枣商阿布都克尤木·热合曼都会来到各乡镇（场）收购红枣。今年他第一时间来到田间地头与枣农商谈红枣收购事宜，并提前下了收购订单。

近年来，阿依库勒乡泽勒普善村以打造特色农业发展为目标，采取强化技术服务，发挥示范引领带头作用等措施，在红枣提质增效上下功夫，加强红枣田间管理，在红枣剪枝、开花、坐果、抹芽等关键期，邀请林果业技术人员来到田间地头，面对面给村民进行科技培训和技术指导，提高村民红枣种植管理水平，提高红枣挂果率，着力促农增收。

深化结对共建　助推农产品销售

为进一步助推农产品销售，助力泽普脱贫攻坚，闵行区吴泾镇派出代表团来到泽普与结对的赛力乡对接农产品销售事宜。

代表团深入赛力乡红枣丰产园、核桃丰产园、红枣种植大户、红枣加工厂等地进行实地考察，了解农产品的生产、销售情况。在赛力乡政府召开农产品销售专题座谈会，听取当地在农产品销售上遇到的问题，随行人员结合当地农产品销售存在的问题，提出了在吴泾镇辖区内高校开展农产品销售扶贫活动，发动社会各界力量进行农产品扶贫认购，延伸至村一级进行农产品销售推广等各解决方案以及下阶段助推农产品销售的设想，从精准援助、项目化援助和机制化援助三个方面对深化结对共建提出了意见。

上海援疆助力泽普　小南瓜种出"大文章"

随着泽普县农民生活条件的不断改善，县委、县政府按照自治区提出的"美丽乡村"建设总体目标，以庭院经济作为"美丽乡村"建设的重要载体，通过发展庭院经济提高农民收入、助力脱贫攻坚，然而庭院经济如何发展，如何切实通过庭院经济提高农民收入，一直是困扰其发展的一个瓶颈。2017年3月，经上海援疆前方指挥部牵线搭桥，泽普分指引进上海艾妮维农产品专业合作社，利用当地优质的农业生产环境和农业技术力量，以"公司＋农户"的模式进行有机种植，并按照一定的价格统一收购，努力打造一流的地方特色南瓜产品，真正做到精准扶贫。

为进一步助推泽普南瓜产业发展，2018年12月16日至17日，上海通过农业援疆柔性人才项目邀请中国农业科学院蔬菜花卉研究所研究员王长林、上海市农业科学院园艺所研究员顾卫红、上海交通大学农业与生物学院教授武天龙专程赴泽普开展南瓜种植及贮藏专题培训，泽普县委农办组织农业局、农技中心等职能部门、种植企业以及各乡镇（场）农业技术指导员参加培训。

王长林从南瓜

上海援疆工作会现场

的品种、主要特点、种植方式、疫病防控、贮藏方法等方面，全面地讲解了南瓜从播种到成为商品全过程的技术要点和注意事项。顾卫红结合她在北疆多年种植南瓜的经验，主要针对规模化、标准化种植，提出了单蔓密植的种植方式，并针对这一种植方式详细讲解了种植管理中的技术规范。武天龙结合2018年泽普规模化种植及庭院经济种植中出现的问题，详细分析了出现问题的原因及解决方案，并对2019年种植需要着重关注的种植要点、种植节点进行了细致的剖析。培训期间，三位专家还到依玛乡、桐安乡、赛力乡实地查看南瓜种植地块，仔细询问之前的规模化种植及庭院种植情况。

通过两天的培训，大家对南瓜的种植又有了更深一步的了解，解决了许多在当年种植过程中出现的实际问题，学习了南瓜种植中的新方法和技巧。下一步上海援疆将支持农产品专业合作社扩大南瓜种植规模，在泽普县桐安乡打造一块南瓜种植示范基地，丰富庭院南瓜种植的品种，打造南瓜产业链，真正将小南瓜种出"大文章"，为泽普脱贫攻坚贡献力量。

第二节　发展特色经济　带动农民致富

建成乡村工业园　培育致富新引擎

伴随着激情澎湃的歌声、热情洋溢的贺词声、喜庆的爆竹声，授人以渔数码科技有限公司在泽普县奎依巴格乡奎依巴格村创业就业培训基地举办开业仪式。

近年来泽普县招商引资力度不断加大，投资环境持续优化，经济发展特别是乡村经济呈现出快速健康发展的良好势头。前期由自治区农村信用社联合社驻奎依巴格村工作队强化投入，投资兴建了创业就业培训基地，建成了全县规模最大的 1800 多平方米的标准厂房，并积极主动与企业沟通协调，促成了授人以渔数码科技有限公司的落地进驻，这是推动乡村产业发展的一件大事，是助力村民增收致富的一件实事。

开业仪式上，员工代表发表了务工感言；村文艺队为在场员工和村民表演了《美丽中国唱起来》《豫剧选段：谁说女子不如男》《新疆山水美》等精彩节目；授人以渔数码科技有限公司对参加培训的优秀员工发放了补助；大家还共同参观了生产车间，了解工厂运行情况，提出了宝贵意见。

走进生产车间，身穿统一工装的员工在生产线上焊接、试通、整形，成千上万的数据线在一双双巧手间传递，通过一系列的加工，走向广阔的市场，为广大群众带来了可观的收入。奎依巴格乡汗艾日克村的阿娜古丽·麦麦提以前和丈夫在家靠种地、打零工维持生活，现在在村里的"创业就业培训基地"上班后，不仅实现了就业梦想，也更加坚定了她追求美好幸福生活的信心。

奎依巴格乡汗艾日克村村民阿娜古丽·麦麦提说："我以前想都不敢想，我能在家门口稳定就业，现在我已经有了稳定工作，对致富更加有信心了，相信我们的生活会越来越好。"

和阿娜古丽·麦麦提一样，热孜万古丽·孜木提拉也在村里的"创业就业培训基地"上班。她和村里的姐妹们一起来到这里，不仅学会了技术，而且得到了稳定的收入，这使她对今后脱贫充满了信心。

奎依巴格乡奎依巴格村村民热孜万古丽·孜木提拉说："在村里建立'卫星工厂'以后，到这里上班，我一边学技术，一边挣钱，感谢党和政府。"奎依巴格村创业就业培训基地在自治区农村信用社联合社党委的高度重视和支持下，通过驻村工作队多方论证及实地查看，选择交通便利、位置优越的场地修建创业就业培训基地，先后投入 700 余万元完成了一期工程，建成 1860 平方米的标准厂房以及

500 平方米的部分附属设施，并积极主动与企业沟通协调，引进授人以渔数码科技有限公司进驻，目前已吸纳本村及周边乡村 150 余人就业，经过三个月的培训试运营期，具备了正常开业条件。

奎依巴格乡奎依巴格村村民帕沙古丽·阿布都卡迪尔说："我的家与厂子距离比较近，对我来说也是一个好机会，这次我抓紧机会，努力工作，多挣钱。"

自治区农村信用社联合社驻泽普县奎依巴格乡奎依巴格村"访惠聚"工作队队员刘鹏说："主要就是为了解决我们村里富余的劳动力，一方面能够就业，满足村民就业致富；另一方面也是调整村民的生产生活方式，让农民享受改革的红利。"

在巩固脱贫工作的过程中，自治区农村信用社联合社驻泽普县奎依巴格乡奎依巴格村"访惠聚"工作队因地制宜，建设创业就业培训基地，鼓励一些劳动密集型、手工加工型企业和外地招商引资企业进驻，形成小的工业园区，带动村民在家门口就业，助力脱贫攻坚。

"卫星工厂"里村民正在辛勤工作

奎依巴格乡奎依巴格村农民阿尔孜古丽·图尔苏说："现在党和政府给我们提供了这么好的工作岗位，在家门口就可以挣钱，我要用自己的双手创造属于自己的未来。"

泽普县始终秉持"稳定就业一人，脱贫致富一家"的理念，积极发挥县、乡、村三级平台作用，多渠道开发就业岗位，多形式转移就业，多举措鼓励自主创业，把卫星工厂建成集培训、就业、创业为一体的精准就业扶贫基地，在农民家门口建成卫星工厂，扩大就业规模，让更多的农村富余劳动力在家门口实现就业，实现稳定就业，全力巩固脱贫成效。

新疆授人以渔数码科技有限公司主管蒋基胜说："我们公司在奎依巴格乡可以解决周围 500 人左右就业，我们可以让他们有一技之长，他们通过自己的辛勤劳动，换取幸福的生活，达到巩固脱贫攻坚的成效。"

畜牧养殖 闯出增收致富新天地

幸福美好的生活不会从天而降，只能通过自己的努力奋斗来实现。泽普县古勒巴格乡克塔特村的阿不力米提·图尔苏正是通过党和政府的各项惠农政策以及自己辛勤的努力，打造着属于自己的幸福生活。

古勒巴格乡克塔特村村民阿不力米提·图尔苏说："在党和政府的帮助下，我买了 9 头牛发展养殖业，有政府的好政策，现在我依靠养殖牛羊，每年的收入超过 4 万元。"

谈起自己发展畜牧养殖的经历，阿不力米提·图尔苏感慨万分，以前自己在家务农，家庭收入微薄，看着其他村民发展生产，日子都越过越好，自己也十分羡慕，在经过深思熟虑之后，他决定贷款发展畜牧养殖，提高自己的收入。

阿不力米提·图尔苏说："我以前在家种地，一年只有 4000 多

依靠畜牧养殖提高收入

元的收入，在工作队的帮助下，我贷款买了9头牛，发展畜牧养殖业，我也下决心要把牛养好，提高自己的经济收入。"

依靠畜牧养殖提高收入的道路并非平坦，由于养殖技术不过关，第一年阿不力米提·图尔苏亏损了3万多元。不服输的阿不力米提·图尔苏买来了关于养殖技术的书籍进行学习，寻求工作队的帮助前往乡畜牧站学习技术。随着技术能力的不断提升，牛羊养殖也逐渐见到了效益，自己的努力也得到了回报。现如今，阿不力米提·图尔苏养殖的牛羊繁育良好，家中已有牛羊存栏40余头（只），收入也很稳定。他准备继续购买一些牛羊，扩大养殖规模，通过自己的奋斗过上幸福的小康生活。

农闲不"闲" 90后小伙子一天都在忙些啥

进入初冬的泽普县波斯喀木乡代尔亚博依村一片宁静祥和，劳累一年的村民大多数都窝在温暖的屋内，或喝茶闲聊或观看电视新闻，或与儿孙逗趣玩耍……享受着农闲期间短暂的休憩时光，而90后小伙子阿布来海提·吾买尔在庭院、棚圈、鸽舍间来回穿梭，为了追逐自己的幸福生活而忙碌着。

一大早，拥有铁匠手艺的阿布来海提就为昨日接到的活计忙了起来，测量、切割、焊接，一根根钢管被小小的焊条连接变成仓储粮食的粮仓，耐心细致的手工博得前来拿货的买买提大叔一阵夸赞。临近中饭时间，阿布来海提还没顾得上吃饭，就被鸽舍和棚圈传出的一阵阵"咕——咕""咩——咩"声吸引，原来是利

农闲不"闲"，90 后小伙子一天都在忙些啥？

用屋顶喂养的 150 只肉鸽、信鸽和新建现代化棚圈内的 10 多头牛羊也到了"午餐时间"。简单地吃完饭后，闲不住的阿布来海提又和姐姐在最近新增的蔬菜拱棚里翻起地来，计划种植点油白菜、胡萝卜、芹菜，既可以过冬食用，富余的菜还能增加点收入。"阿布来海提大哥，走一起去上国语课去"，每天 9 点村里举办的国语夜校是村民最喜欢的时间，大家可以一起学习技能和语言，也给自己充充电。

"别看我一天都在忙活，但是非常充实，今年焊接栅栏、门窗等铁艺收入 5000 余元、育肥繁殖牛羊及肉鸽收入能达 6000 元，种植两茬蔬菜收入 3000 元，一年下来我有 14000 元的收入，能挣到这么多钱真离不开工作队的帮助和扶持"，谈起自己现在的幸福生活，阿布来海提·吾买尔感慨地说。

阿布来海提·吾买尔今年 28 岁，职高毕业以后回到家乡务农，因为缺乏有效的脱贫路径，收入未超过最低标准，年纪轻轻的他 2014 年被列入贫困户名单。刚开始，总是被人指指点点，阿布来海提还觉得羞愧难忍，但是时间久了，他也慢慢习惯了，变得越来越懒，大家都叫他"小懒汉"。

2017 年初，泽普县供销社驻村"访惠聚"工作队到位后，对

全村113户贫困户进行仔细走访摸排，针对每一户贫困户列出了行之有效的脱贫计划。在了解到阿布来海提·吾买尔有头脑，只是缺乏技术和创业平台时，建议他学习铁艺技术和发展畜牧业养殖增收致富。

为引导群众尽快走上富裕路，工作队结合村情实际，加大技能培训力度，鼓励群众外出务工，精选优质畜牧养殖项目和蔬菜拱棚。作为贫困户的阿布来海提·吾买尔也享受了扶贫鸽80只、扶贫羊5只、牛1只，新建了蔬菜拱棚和标准化牲畜饲养棚圈，有了发展的思路，他的信心强了，干劲也足了。功夫不负有心人，阿布来海提·吾买尔通过跟着师傅学习以及参加工作队组织的培训等多种方式，学会了铁艺制作技术，靠着勤奋努力，小日子越来越红火。"当初听了工作队苏莱曼书记给我的建议，我学了铁艺和养殖技术，不仅学到了一技之长，还为我带来了丰厚的回报。下一步，我将扩大养殖规模，在县里租用一个商铺，将所学到的铁艺技能变成创造财富的'金钥匙'。"阿布来海提·吾买尔高兴地谈着对未来的打算。

"在村里像阿布来海提·吾买尔这样勤劳上进的群众还是比较多的，工作队通过宣传引导，鼓励村民致富信心，落实资金项目帮助扶持，全村135名富余劳动力就近务工就业，涉及建筑、装修、季节性采摘等行业，接下来，我们将积极协调创业贷款，加大扶持力度，引领更多的人靠自己的双手增收致富。"工作队队长苏莱曼·衣布拉音说。

尼雅黑鸡产下"金蛋蛋"

"陈书记，你一定要到家里再坐一坐，亲自尝一尝家里饲养的尼雅黑鸡产的鸡蛋。现在我们家每天都有5—8个，一到巴扎天我们拿到市场上去销售，很抢手呢，每个月有500元左右的收入"，吐尔逊古丽·艾麦尔高兴地说。

听到群众夸赞尼雅黑鸡，自治区农村信用社联合社驻依克苏乡塔孞尔其村"访惠聚"工作队队长陈伟林很是欣慰，当初制定的发展计划真是没有白费啊。

塔孞尔其村人多地少，工作队经

饲养尼雅黑鸡的村民

调研发现群众有饲养土鸡的习惯，而且土鸡蛋市场上十分紧俏，单价达到每枚 2 元，比普通鸡蛋高出一倍。

"号准了脉、找对了路"，工作队发挥单位优势先后筹资 15 万元分两批向农户发放适合散养、成活率高、市场认可度高的尼雅黑鸡鸡苗 7000 只，户均 30 余只。群众以户为单位，在核桃树下养殖黑鸡，以鸡粪育肥土壤，以土壤滋养作物。经过一年多养殖，农户反映良好，黑鸡鸡蛋已成为农民待客的佳品和增收的途径之一。

工作队队长陈伟林说："我们只有理清思路，把握方向，找准产业，不断提升群众参与率，才能使'脱贫路上不拉下一个人'的口号落地生根。饲养黑鸡让每户群众有了稳定经济来源，年收入可达3000 元。下一步我们将依托单位优势，积极联系市场销路，注重防疫防治，让尼雅黑鸡蛋走出泽普，走向更广阔的市场。"

肉鸽养殖合作社让贫困户生活"芝麻开花节节高"

走进赛力乡荒地村村委会院内，"咕咕"的叫声不断传来，这是自治区直属机关工委驻泽普县赛力乡荒地村工作队"变废为宝"，将村委会旧址改造利用，带领村民致富的"孵化地"——泽普县金凤凰肉鸽养殖农民专业合作社。

该村党总支部副书记王界飞介绍道，鸽子被称为"动物人参"，市场的销售量很火爆，市场供不应求。同时，肉鸽养殖技术与其他养殖技术相比更简单，也可立体笼养，占地面积不大，每户都可以饲养。赛力乡荒地村共有建档立卡贫困户85户327人，经过"访惠聚"工作队和党组织的努力，已陆续脱贫65户258人，剩余的20户贫困户大多是难啃的硬骨头，普遍存在缺劳力、缺技术等"短板"。为确保如期脱贫，"访惠聚"工作队因户施策，"火眼金睛"瞄准了肉鸽养殖，积极申请项目资金180万元，个人自筹100万元，注册成立了金凤凰肉鸽养殖农民专业合作社。

该村全面推广"肉鸽养殖合作社＋贫困户"共赢发展模式，以"合作社＋专业户＋散户"的模式培育肉鸽养殖示范户，积极带动肉鸽养殖产业发展，提高贫困户产业扶贫参与度。目前，已培育专业养殖户2户，散户18户。合作社充分发挥扶贫龙头作用，实现养殖户养鸽专业管理，切实解决养殖户技术难、销售难等问题，合作社在鸽舍建设、饲料喂养、养殖技术、疾病防治、保底销售等各方面给予指导帮助，形成了孵化、喂养、销售等一站式统一的规范模式，提升了贫困户养殖肉鸽的致富信心。

同时，合作社积极吸纳贫困户就业，沙拉买提·凯尤木就是其中的一员，今年7月他开始在合作社上班，每个月都有固定的工资收入。"我干的活简单，就是给鸽子喂食、换水，打扫鸽舍，我不仅有了一份收入，还学习了一门新技术"，沙拉买提·凯尤木说。

肉鸽养殖专业户古再努尔·马木提信心满满，细致地算起了增收账："今年7月合作社给自家发了60对种鸽，1对种鸽1年产蛋繁殖8—10对，每只肉鸽按市场最低价20元算，每对种鸽每年有320元的收益，60对种鸽去掉饲料、人工等成本，一年增收万元不成问题。"

合作社管理员杨双玉表示："近期合作社还将新增8000只鸽子，

在规模化、规范化、专业化养殖上下功夫，进一步增加贫困户收入，让贫困户的生活如同'芝麻开花节节高'。"

建起大棚实训基地　构筑群众致富平台

近日，泽普依克苏乡亚尔布拉克村村委会大院内一座 600 平方米的高标准温室大棚建成并投入使用，让全村 365 户 1588 人有了设施农业实训基地，为广大群众冬闲时节学习设施农业种植技术增收致富创造了有利条件。

一大早，来自各个小队的 30 多名村民自发来到了温室大棚，认真听取了自治区人防办驻村总领队王建勇及本村六组"土专家"姚开理夫妇关于冬季大棚种植要点的讲解，然后大家合力翻耕土地、清除杂物、开沟起垄、点种铺膜，在希望的田地里种下了油白菜、番茄、

工作队指导群众种植

辣椒、茄子、韭菜等十几种蔬菜。

亚尔布拉克村位于泽普县依克苏乡政府东南处约8公里，离县城20多公里，农业种植和林果业是群众的主要经济来源。为了改变传统农业种植模式和老旧观念，自治区人防办驻村工作队在经过细致调研分析，并结合该村离周边乡镇巴扎近的区位发展优势后，明确提出要加快调整优化种植结构，大力发展设施农业的发展思路。

为引领示范群众种植大棚，工作队专门申报了一座近15万元、600平方米的高标准温室大棚项目，并挤出工作队经费近3万元为大棚配置了塑料膜、棉被、卷帘机等配套设施，将该大棚作为村级设施农业实训基地和育苗基地。大棚建成后，工作队邀请本村设施农业种植能手现场教农民种植蔬菜，让农民全程参与，力争通过持续实训，培养一批懂技术、会管理、善经营的新型农民，努力将设施农业打造成繁荣亚尔布拉克村农村经济、促进农民增收、助力脱贫攻坚的支柱产业。

"脱贫攻坚重在扶志扶智，为树立群众脱贫信心，提高扶贫资金的针对性和使用效益，让所有贫困户都能复制致富经验，我们建成了现代化示范棚，并在国语夜校教授种植技能，以课堂培训和实地操作的模式，不断提升温室大棚示范推广效果，引领群众走上特色种植富裕路。"工作队队长王建勇说。

核桃地里套种"金疙瘩"

自治区人民检察院喀什分院驻大尔格其村"第一书记"、工作队队长张宏南和当地村民在田间地头为播种早熟土豆而忙碌。

泽普县波斯喀木乡大尔格其村的农田里，村民们正忙着播种早熟土豆，自治区人民检察院喀什分院驻大尔格其村"第一书记"、工作队队长张宏南一边和群众一起播种，一边叮嘱"注意啊，培土不超过5厘米，要不然会影响土豆出苗率"。

大尔格其村从几年前就开始种植土豆，但受品质、产量等因素影响，土豆收入不高，村民种植积极性也受到影响。

张宏南说："为了把土豆变成'金疙瘩'，工作队通

指导村民播种早熟土豆

过走访、调查后，决定种植早熟土豆品种，并采用双膜保墒法种植，既保证土壤的水分又能保证温度，让土豆快速生长。"

"我们从去年 10 月份开始帮村民选育优质种子，并进行了杀菌消毒、防病处理。"张宏南说，今年全村 200 余户村民共种植了 650 亩土豆。种植过程中，工作队员引导群众合理设置株距和行距，正确覆盖培土量，以保证出苗率。

"早熟土豆生长周期是 90 天，5 月份正好是库存'老土豆'的断档期，到时销路不成问题，商家会主动上门收购。"张宏南说，土豆是在核桃树下套种的，等土豆收获后，村民还可以种植玉米、黄豆等作物，增加一份收入。

42 岁的村民吐逊汗·玉苏普说："我相信只要我们做好田间管理工作，今年大丰收一定不成问题。"

"通过科学种植，早熟土豆比普通土豆提前一个月上市，亩产量预计 1500 公斤，收益可达 3000 元左右，比传统的粮食作物收益要高。"张宏南说，下一步，驻村工作队将在田间科学管理和市场销售上下功夫，让早熟土豆达到预期效果，早日让群众的钱袋子鼓起来。

泽普县是新疆种植土豆面积较大的区域，种植规模稳定在四五万亩，近年来为村民增收，开展早熟土豆种植，每年 2、3 月份播种，

到 5、6、7 月份丰收，土豆销售到乌鲁木齐，甚至出口中亚国家。

有机草莓助农民增收

眼下正值大棚有机草莓上市时节，阿克塔木乡恰喀村的周月强正在自家温室大棚里忙碌地采摘着草莓，收获着一年来的希望。看着红艳艳的果实，周月强心里乐开了花。

"我今年种了两个棚，一个棚大概能卖 10000 多元钱，从三月初开始一直到六七月份一直有收益。我这个草莓是新品种，特点是个头大、产量高、口感好。"周月强是阿克塔木乡恰喀村的农民，前些年一直以种植大棚蔬菜为主业，去年发现有机草莓利润高、见效快、销路广，便将自己的两个蔬菜大棚改种成有机草莓。现在，大棚每天可以采摘 28 公斤草莓，按每公斤 30 元的批发价算，一个棚便有 10000 多元的收入。

不仅如此，周月强还在草莓大棚里套种毛蟠桃树，通过套种毛蟠桃树一个棚大概可以达到 20000 元的收入，经济效益很可观。

在草莓种植过程中，不用化肥，用农家肥当肥料，保证了草莓的无公害；同时，温室草莓用井水灌溉，确保水资源无污染。草莓远销周边县市，巨大的经济效益给当地的农民带来了实实在在的好处。

在发展特色有机草莓种植业时，县烟草专卖局驻阿克塔木乡恰喀村"访惠聚"工作队也积极发挥自身的作用，对周月强的有机草莓技术进行宣传推广，希望带

草莓温室大棚

动更多的群众种植有机草莓，增收致富。

县烟草专卖局驻阿克塔木乡恰喀村工作队队员唐先莉说："最近草莓是销售的旺季，经济效益良好，我们准备将草莓种植技术进行推广，让更多的果农种植草莓，帮助更多群众增加收入，提高生活水平。"

温室大棚油桃走俏市场

正是油桃成熟的季节，这几天对于泽普县阿克塔木乡恰卡村的果农们来说是一年之中最忙碌、最喜悦的日子，温室大棚里，处处都呈现出一派丰收的景象，满棚成熟的油桃已压弯了枝头。

杨京现是阿克塔木乡恰卡村大棚油桃的种植户之一，她说道："我们家有两个大棚，4月5号到5月底结束两个棚的采摘，市场批发价16到17块钱每公斤。"嫩绿的树叶间，一颗颗红艳艳的油桃挂满枝头，在春光的照耀下散发着诱人的光泽，扑鼻而来的是油桃散发的香甜气息。这两天杨京现正忙着采摘成熟的油桃，看着一串串油桃挂满枝头，已经种植了十几年油桃的杨京现，仿佛看到了增收的希望。杨京现说："我们的油桃不仅在本县销售，还销往莎车、麦盖提等县，两个大棚估计收入2万到3万元。"

在阿克塔木乡恰卡村，像杨京现

温室大棚油桃采摘

一样种植大棚水果的大户还有很多。近年来，阿克塔木乡恰卡村因地制宜，准确定位，引导农民群众大力发展温室大棚水果种植，重点发展草莓、油桃、樱桃等经济效益较高的特色果品，不仅果品质量好，上市早，售价高而且销路好，果品已经销往喀什以及周边地区，帮助各族群众走向致富之路。

孵出小鸡苗"啄"开富裕门

每天早晨，新疆喀什地区泽普县阿依库勒乡努尔巴格村村民艾克热木·马木提夫妻俩起床后，都要到自家的孵化场里转一圈，看到一只只破壳而出的小鸡发出叽叽喳喳的叫声，夫妻俩就乐得合不拢嘴。

提起孵化鸡苗致富，艾克热木非常感谢县气象局驻阿依库勒乡努尔巴格村工作队的鼓励和支持。在脱贫攻坚好政策的带动下，艾克热木先后享受了安居房、棚圈、葡萄架等脱贫项目的政策福利，并依靠林果业提质增效、发展庭院经济，加上外出务工所得，一家4口小日子过得红红火火。进入冬季农闲时节，爱动脑筋的艾克热木不断寻找着商机，希望通过自主创业进一步增加收入。工作队在了解他的想法后，经过市场调研，鼓励他发展技术难度不大，市场前景好的土鸡孵化和养殖，并积极联系养殖大户，送他到鸡场实地观摩学习，帮他开启了创业之路。

为减少孵化时间、提高成活率，艾克热木花8000元购置了2台全自动孵化机，盖起了3间孵化和养殖房。按照

村民手捧刚孵化出的小鸡

每25天孵化3000只小鸡计算，出壳再饲养35天的鸡苗销售价格在15元，除去电耗和饲料等成本，一只鸡苗收入8元左右，月收入达2500元。

"工作队经常鼓励我说'致富就像孵小鸡，坚持就会破壳而出，日子就会越来越好'，现在我家的第二批鸡苗已经孵出来了，成活率达到了90%以上，有工作队帮助指导打疫苗和疾病预防，我对搞好小鸡孵化越来越有信心。下一步，我将扩大养殖规模，提高成活率，向周围的群众传授孵化技术，让更多的人致富。"艾克热木高兴地说。

努尔巴格村"第一书记"、工作队队长牙力坤江·吾甫尔说："工作队驻村以来，以激发内生动力为着力点，整合资源进一步减少发展产业的盲目性，以提高经营收益为目标，通过研究本地市场，制定发展计划，使全村41户贫困户像艾克热木一样找到了致富的长远之计，让党和政府的阳光照进每一户贫困户心里。"

特色经济作物助农民增收致富

泽普县各乡镇不断调整产业结构，合理布局产业发展思路，通过"公司＋基地＋农户"的订单种植模式，引导农民探索种植万寿菊、豇豆等特色经济作物，有效增加了村民经济收入，为巩固脱贫成效奠定了良好的基础。

正值"万寿菊"收获的季节，图呼其乡召开万寿菊采摘、销售现场会，现场为村民讲解万寿菊采摘、销售过程的注意事项。随后，在乡政府技术人员的指导下，村民对自家地里的万寿菊开始统一采摘。该乡的阿布都肉苏里·萨吾提去年试种了万寿菊，感觉经济效益不错，今年他又继续扩大种植面积，依靠三亩万寿菊就可以增收接近10000元。

和阿布都肉苏里·萨吾提一样，在图呼其乡荒地村的其曼古丽·吾斯曼的万寿菊地里，金灿灿的花朵被夜雨冲洗得一尘不染，看

泽普县图呼其乡万寿菊采摘、收购现场会

着一朵朵盛开的万寿菊，其曼古丽·吾斯曼的脸上始终洋溢着丰收的喜悦。她说："去年我看邻居种了万寿菊，收入特别好，今年我们家也种了三亩，现在开始采摘了，可以卖9000块钱，收入特别好，我们特别高兴。"

据了解，为帮助农民群众找到一条致富的好路子，图呼其乡以发展特色种植作为增收主导产业，探索引进一批成熟稳定的产业作为脱贫支撑项目，采用思想帮扶、政策帮扶、资金帮扶、技术帮扶、劳力帮扶、产销帮扶"六大帮扶"理念，教育引导农民群众通过种植特色经济作物增收致富，持续推动群众巩固脱贫成效。

图呼其乡乡长艾克木江·阿不力克木说："我们今年大力推广万寿菊和豇豆两种经济作物，这两个经济作物技术含量不是很高，农民容易接受，市场价格比较稳定，我们实行订单农业，统一收购，农民不愁销路，提高了他们种植的积极性，也提高了农民的经济收入，为巩固脱贫攻坚成效奠定了良好的基础。"

色日克乌依村早熟西瓜上市

依玛乡色日克乌依村群众房前屋后一片片瓜地里的早熟西瓜逐渐成熟，干部群众摘瓜、运瓜、装瓜、卖瓜，忙得不亦乐乎。"今年在工作队的指导下，我将家里闲置的土地平整出来，种植了早熟西瓜品种，目前已经到了成熟期，别看只有三分地，出产的西瓜也能卖上 500—600 元呢！"看到即将采摘的西瓜，种植户吐孙·买买提高兴地说。

年初以来，泽普县农业农村局驻色日克乌依村"访惠聚"工作队多次集中组织村干部、"四老人员"研究庭院经济发展，结合群众家中闲置空地较多的实际情况，鼓励村民将土地合理规划，构建花园式庭院，牢牢把握生长周期，实现压茬种植，达到一地多产收益的目标。工作队坚持党支部率先，党员跟进，干部齐干，努力发展庭院经济，改善村民的生活水平，助力群众增收致富。通过科学规划、精选品种、以点带面引导群众种植蔬菜、瓜果，以周一"三结合"、农民夜校、周五党团活动等为载体，积极开展宣讲、集中技术培训、入户服务指导等多种措施，建立庭院经济示范点，示范辐射带动其他群众发展庭院经济增收。

在了解到村里的土壤大多属于沙壤土，土质疏松，特别适合种植西瓜时，工作队协助群众统一选用了早熟品种，采用双膜保水保墒法，并邀请人员上门指导，督促开展病虫害防治、做好施肥浇水、蔓枝管理等工作，确保西瓜如期开花、结果、成熟，切实帮助村民增加收入。

在努尔扎担木·吐鲁甫房前的瓜地里，工作队员肖其美和户主正查看西瓜的长势，计算西瓜的产出，打电话联系收购商上门。在听说这两天就有客商上门采摘后，努尔扎担木·吐鲁甫特别高兴，她说："工作队真是太贴心，从点种到管理再到销售都付出了很多心血，现在西瓜熟了，我一定让他们多吃几块！"

吃瓜群众速速围观！色日克乌依村早熟西瓜上市了

"我们这里温度适宜，昼夜温差大，光照充足，西瓜品质非常好，个头匀称，瓤脆味甜，很受收购商的青睐，西瓜行情很好，全村 314 亩瓜地亩均纯收入可达 1500 元，我们计划在 8 月上旬种植第二茬冬白菜，还能有 700 元左右的收入，让小庭院真正成为群众增收的聚宝盆。"工作队队员肖其美说。

泽普冰糖心苹果入沪

2019 年 11 月 29 日，在上海市商务委和上海援疆前方指挥部指导下，由泽普县政府、上海援疆泽普分指、上海消费扶贫联盟共同承办的 2019 年沪喀消费扶贫 泽普冰糖心苹果入沪发车仪式在阿克塔木乡园艺场举行，相关领导及苹果加工企业、种植户代表参加了发车仪式。

发车仪式上，相关领导首先对上海市商务委近年来在新疆支援和扶贫工作中持续付出的努力表示感谢，同时表示，泽普农产品成功的背后，一直离不开上海方面的努力，从基地端到销售端，给予全产业链帮扶，将泽普生态农产品带到上海，让上海市民能够吃得更好、更健康，同时也使贫困地

泽普冰糖心苹果入沪发车仪式

区的农民生活得到了很大的改善。希望泽普农产品销售、加工企业都能抓住机遇，以高度的责任感做出样板，真正走通消费扶贫品牌营销和市场化之路。

上海消费扶贫联盟与泽普苹果加工企业签订了《沪喀消费扶贫泽普苹果销售与品牌协议》。

上海消费扶贫联盟理事长王华说："希望通过我们上海消费扶贫联盟对喀什的帮扶，通过全产业帮扶和品牌运营，让喀什地区的产业能力提升，让农产品具备进入像上海这种国际消费城市的能力水平，一方面，可以帮助当地农民增收致富；另一方面，也可以让上海市民能够真正品尝到代表我们新疆喀什泽普地区的特色农产品。"

阿克塔木乡园艺场党支部书记、副场长胥亮说："在以后的工作中，我们将积极引导群众，种植好苹果，提高苹果的质量、产量，大力和上海消费扶贫联盟进行合作，增加园艺场种植户的收入，更好地为泽普县巩固脱贫成效打下坚实的基础，做出我们园艺场应有的贡献。"

大葱喜丰收　致富路上"葱"满希望

入冬正是农民收葱的好时节。在布依鲁克乡布依鲁克村试种的

大葱喜丰收

15亩大葱田里，一片片绿油油的大葱长势很是喜人，工作队员和群众一起拔葱、捆绑、装车，每10公斤一捆摆放整齐，田间地头一片欢声笑语，大家都憧憬着大葱能销售出好价钱。

作为一次突破和尝试，这15亩大葱田饱含工作队和村干部的一片深情。种植之初，工作队一边引导村民调整种植结构，一边在知识储备上想办法，为减少阻力、激发动力，工作队队长刘葵垫支10000元购买葱苗、农家肥、化肥、农药，支付机耕费等，研究利用村集体土地进行试种，日常管理由村干部和村民小组长具体负责，大葱收获出售时，扣除成本后的收入归村集体所有。

找到了好项目，工作队又在田间管理上下功夫，多次带领村干部到外地参观学习，请教种植户管理技术。从选择品种，到育苗、定植，再到田间管理和病虫害防治，每一个环节都有工作队的身影。慢慢地，队员们都从"门外汉"变成了"葱行家"。

"这次种植大葱是我村头一次，虽然平均亩产只有一吨多，比起种植产量高的地方要少很多，但我们取得了经验，为明年推广种植奠定了基础。"工作队队长刘葵介绍说。

为了解决储藏和销售环节的问题，工作队又当起了"急先锋"，引导村民通过错时销售增加收入。"种菜要想挣钱，必须要打好时间差。"工作队的建议得到了村民的响应。此次收获的大部分大葱都储藏在村合作社的保鲜库中，期待着两个月后大葱价格回升，能够为村集体创收。

"此次种植大葱的尝试，为群众增收致富进行了一次有益的探索，学习和传播了种植管理技术，拓宽了群众的致富门路，也增加了村集体收入。来年，工作队将加大宣传力度，增加种植面积，让种植大葱成为群众致富新途径。"对于未来，工作队队长刘葵信心满满。

核桃丰收农民乐　增收致富有保障

核桃收获的季节，在泽普县爱力夏农产品收购销售加工农民专业合作社里，前来收购的客商正忙着把一袋袋晾晒好的核桃装上大货车，各乡销售核桃的农民络绎不绝，现场一派繁忙景象。

在波斯喀木乡阔什铁热克村的爱力夏农产品收购销售加工农民专业合作社收购现场，前来销售核桃的农民排起了长队，大家

核桃收购现场

开着满载核桃的三轮车，过称、卸货、结算现金，每个人脸上都洋溢着丰收的喜悦。阿布力孜·阿布都瓦依提第三次来这家合作社销售核桃了，他觉得这里的价格很公道。

为了让村民的核桃变成"致富果"，波斯喀木乡阔什铁热克村的9名村民自己入股成立了泽普县爱力夏农产品收购销售加工农民专业合作社。自收购核桃以来，截至目前已经收购了1800吨核桃，已销往疆内外500吨核桃。同时，合作社还为当地村民提供了就业岗位，当地的村民可以在家门口打工，每天根据自己的能力，可以拿到七八十到上百元，不仅早晚可以照顾家庭，同时还能增加家庭收入。村民哈斯耶提·艾拜也说："我们家种了6亩核桃，卖了9500元，现在我在合作社打工，一天能挣150元，已经干了10天，挣了1500元，增加了家庭收入，我很高兴。"

泽普县爱力夏农产品收购销售加工农民专业合作社负责人阿布都艾尼·吐尔逊说："今年核桃大丰收，核桃的品质也特别好，疆内外的客商都喜欢收购我们县的核桃，来我们这卖核桃的农民特别多，现在平均每天收购量达到20—30吨，我们当场现金结算，不打白条，让农民放心地卖核桃。"

林下养鸡"钱"景好

泽普县阿克塔木乡充分利用林下土地资源优势和良好的生态环境，发展特色林下养殖新模式，为各族群众带来可观的经济效益。

林果园里空气清新，土鸡活动空间大，动物防疫措施到位，养殖的土鸡纯天然、无公害、无污染，很受顾客的青睐。阿克塔木乡阔依其艾日克村的吾加艾买提·吐鲁甫说："从5月份开始养鸡以来，我一直加强养鸡管理技术，我养的鸡绿色健康、肉质鲜美，很受大家喜欢，现在每天可以卖出20到30只土鸡，到目前为止，我已经卖了1500只鸡。我会继续扩充养殖数量，增加收入。"

据了解，阿克塔木乡的林下养殖因为养殖成本低，既发展了农村经济，又取得了很好的经济效益、生态效益、社会效益。使林下养殖模式在全乡推广开来，现在，通过发展特色林下养殖，为各族

林下养鸡现场

群众带来可观的经济效益。"一天算下来，我们在这里可以卖 20 至 30 只鸡，每天的收入有 2000—3000 元，每一户年增收 4000 元左右。通过这个林下养殖，努力让农民有一个更好的增收。"阿克塔木乡阔依其艾日克村"访惠聚"工作队队长加纳妮克孜·买买提高兴地说。

葡萄挂枝头　共享丰收的甜蜜

葡萄成熟的时节，家住图呼其乡巴什阿其玛村的吐汗·托合提门前葡萄架上一串串紫晶般的葡萄挂满枝条，粒粒葡萄都晶莹剔透、果香四溢，令人垂涎欲滴。

"今年的葡萄长势喜人，这得感谢工作队，他们邀请农技专家给我们讲解种植方法，使葡萄产量高，个头大，颜色正。"村民吐汗·托合提说。

葡萄种植具有结果早、见效快、效益高、适应性强等特点，群众喜欢栽植。年初以来，泽普县税务局驻村工作队引导村民发展庭院经济，在院内院外种植玫瑰香葡萄，邀请农技专家采取集中授课和实地指导等方式，为种植户讲解葡萄种植、开墩、剪枝、病虫害防治

喜获葡萄丰收

等知识，帮助提质增效。

看着葡萄的长势，盘算着这段时间的市场价格，吐汗·托合提的喜悦溢于言表："我家种植的30棵葡萄树不仅自己可以食用，到10月底，多余的部分还可以进行销售，收入1000元不成问题。"

看着葡萄喜获丰收，工作队积极帮助村民进行销售，主动联系商家来村收购，预计全村每户种植的庭院葡萄能产300—500公斤，每公斤售价5元，收入2000元左右。

"今后，我们会采取更多措施，助力乡村振兴，建设美丽乡村，让农村美起来、农业强起来、农民富起来。"该村党总支"第一书记"、工作队队长尼亚孜艾力江·托合提说。

特色种植助民富

时下正值万寿菊采摘旺季，在泽普县图呼其乡巴什阿其玛村，百亩万寿菊叶绿花艳，黄澄澄的花瓣层层叠叠，村民三五成群在田地里忙碌地采摘。今年，该乡大力推进特色种植，共种植1900亩万寿菊，农民亩均增收1500元以上，为打赢脱贫攻坚战，巩固脱贫攻坚成效开辟了新途径。

在乡里的万寿菊统一收购点，村民吐拉甫·吐尼亚孜接过收购商手上递过来的900元钱，乐呵呵地说"今天把采摘下来的万寿菊送到乡里的收购点，一手交钱，一手交货，家里其他人还正在地里加紧采摘着"。吐拉甫·吐尼亚孜是特色种植的受益人，去年试种了万寿菊，经济效益明显高于普通农作物，从中尝到了甜头的吐拉

采摘万寿菊

甫·吐尼亚孜今年扩大种植面积，在红枣地里套种了 5.5 亩万寿菊，预计亩产万寿菊 2000 公斤，按已签订的本地收购合同价，亩均纯收入达到 1600 元以上，吐拉甫·吐尼亚孜仅万寿菊一项预计可增收 8000 余元。

今年以来，图呼其乡实行"庭院菊花 + 路边菊花 + 林下菊花"的种植策略，在红枣、核桃等树下套种万寿菊，充分利用零星地块，使土地效益最大化，既美化了庭院和乡村环境，也增加了农民收入。为确保种植户的销售问题，实行订单销售，农民采摘后直接送到统一销售点进行收购，解决了卖花问题，农民都吃下了"定心丸"，充分调动了农民种植的积极性。

青春汗水点缀亮丽增收花

走进奎依巴格村，连片的万寿菊竞相争艳。前期，为进一步提升乡村"颜值"，增加村民收入，工作队多方协调购置万寿菊 1.3 万株，组织村民在临渠路边、房前庭院种植了万寿菊。

时下正值学生返乡的高峰时节，亦是万寿菊的采收旺季。7 月 9

志愿者服务队采摘万寿菊

日，自治区农村信用社联合社驻泽普县奎依巴格乡奎依巴格村工作队组织召集已经返乡的 20 余名大中专学生组成志愿者服务队，帮助村民采收万寿菊。

道路旁、水渠边，学生们三五成群"分片包干"，夏日火辣的阳光抵不过大家的热情，清脆的采摘声、爽朗的笑声此起彼伏，一场"劳动竞赛"正在热闹上演。"大家摘的时候细心点！"看着弟弟妹妹们干劲十足的模样，即将升入大四的返乡大学生帕提古丽·麦麦提还不忘跟在后面帮助"收尾"，仔细地将漏摘的成熟花朵一一收入"囊中"。"每次回到家乡总能看到新变化，现在村里的环境越来越好了！参加今天的活动，我觉得特别有意义，这些万寿菊不仅好看，还能帮助乡亲们增收。"帕提古丽感慨地说。

经过半天多的劳动，在大家的齐心协力下，共采收万寿菊 1000 余公斤，按照市场价 0.9 元每公斤计算，能卖出 1000 元左右。"组织返乡学生帮助采摘万寿菊，使他们在感受家乡变化的同时，帮助村民增收。希望他们能够发挥好'宣传员'的作用，引导村民拓宽增收思路，共同参与美丽乡村建设。接下来，我们还将丰富实践内容，全力做好暑期返乡学生的服务工作。"村党总支书记、工作队队长张军说。

山药藤条爬满架 "药"你一同来致富

"今年，在工作队的指导和帮助下，我种植了十多亩地的山药，碧绿的枝条爬满了架子，长势良好，预计每亩出产 1500 公斤。"图呼其乡塔格墩村村民孙建新感激地说。

山药又名长芋，属于薯芋科，适宜在透气性好、排灌方便的沙质土壤种植。食用山药肉质细嫩，营养丰富，常食可健身强体、延缓衰老，是受很多人喜爱的保健佳品。

针对塔格墩村人多地少，村民大多以种植小麦、玉米为主，产量少、收入低的实际情况，泽普县农业技术推广中心驻村"访惠聚"工作队发挥自身优势，为全村土地"把脉会诊"，逐步调整种植结构，在了解到该村土壤属于沙质土壤很适合山药生长的情况后，建议引导村民种植山药，增加村民收入。起初，村民因缺乏技术，担心山药的种植成本较高，搭秧架、挖山药需要人工完成等因素，都不肯参与种植，在工作队多次宣传和技术指导下，2018 年孙建新主动拿出 2 亩土地开始试种，经过悉心照料的山药产量高，经济效益可观，亩产收益达到 12000 元。今年，孙建新将种植面积扩大到了 10 亩，长期雇

长势良好的山药苗

用管理人员 2 人，搭架、采挖人员达 10 多人。

"因地制宜种植山药让我尝到了致富的甜头，我也愿意将种植经验和管理方法与其他群众共享，逐步壮大山药种植规模，共同走上致富新路。"对于未来，孙建新信心满满地说。

据了解，随着种植技术的成熟，塔格墩村的山药种植面积不断扩大，种植户达到 5 户，种植面积共 30 余亩。种植山药不仅鼓起了种植户的钱袋子，还给季节工提供了一条增收致富渠道。在山药成熟季节，不少季节工帮助种植户挖山药，也挣了不少钱。

"成功试种山药为群众找到了增收的新亮点，填补了周边县市缺少货源的空白，为满足市场需求，每公斤 8—12 元的批发价格利润也非常可观，下一步我们将不断提高管理服务水平，扩大种植面积，将山药种植产业做大做强。"村党支第一书记、工作队队长李臣说。

饲养马鹿　助农走上致富路

"马鹿有着超强的适应性、较低的饲养成本，关键是管理技术难度也不大，在人工驯养条件下寿命长达 25 年，繁殖年限可达 15 年。"在泽普县波斯喀木乡阿热恰喀村雯华合作社里负责人托和提·买提尼亚孜向前来参观的村民宣传养殖马鹿的优势。

作为土生土长的农村小伙，托和提·买提尼亚孜一直想通过养殖过上好日子。一次偶然的机会他接触到周身是宝的马鹿，能出产加工鹿茸、鹿血、鹿鞭、鹿筋等名贵的滋补品，丰厚的效益深深地吸引了他的目光，从而萌生了养马鹿致富的念头，但苦于缺乏技术和条件。当泽普县人民检察院驻村工作队了解情况后，积极帮助他将想法付诸现实，先后帮助他办理了相关手续，申请项目成立合作社，引进了种鹿，并联系技术专家为托和提·买提尼亚孜指导技术，从当初的 2 对种鹿慢慢发展到现在的 20 多头，养殖场所面积由原来的 50 平方米扩大到现在的 300 平方米，日常饲喂、疾病防疫、人工繁殖、鹿茸采割技术也逐步完善，聘用本村富余劳动力 6 人就业，合作社收入达到 10 多万元。

村民和采摘的鹿茸合影

2018 年年初，在工作队的帮助下，托和提·买提尼亚孜扩建养殖基地，采用分区分圈喂养，更加精准的科学饲料配比，按照定时、定量、定水的原则进行喂养，并购买冷藏和切片设备，定制产品包装，使采购经销商和参观学习的群众络绎不绝。

"在工作队的帮助下，我学会了马鹿的养殖技术，过上了好日子，马鹿的适应性强，人工饲养可以进行推广，加上村里有种植苜蓿、玉米等饲草的优势，只要掌握生活习性，抓住饲喂、防疫、交配的关键点，全村群众都可以养殖。"托和提·买提尼亚孜信心满满地说。

"通过引进和发展马鹿特色养殖，拓宽了群众的增收渠道，增强了群众的内生动力，依托合作社建立并提供种鹿和技术服

工作队了解马鹿长势

务，让更多的群众从中受益。下一步，工作队计划帮助托和提进一步延长产业链，拓宽销售渠道，把品牌打出去，也为更多的村民搭建就业平台，带动村民共同致富。"第一书记、工作队队长贺晓虹说。

夏日庭院忙增收

"多亏工作队，今天我们摘了60公斤西红柿、20公斤黄瓜和10公斤辣椒，按照市场价应该能卖出将近300元，现在我们基本上每三天采摘一次，算上前面种的蘑菇、白菜，今年我已经卖出了8000多元，目前种的蔬菜瓜果我估计还能卖出5000多元。"看着收获的蔬菜装满了筐，村民艾散江·麦麦提伊敏高兴地说。走进艾散江家中，整齐的院落，连片的大棚，挂满枝头的各种蔬菜煞是喜人，进入采收旺季后，艾散江一家经常忙得不可开交。

为引导村民大力发展庭院经济，自治区农村信用社联合社驻泽普

温室大棚忙采摘

县奎依巴格乡奎依巴格村工作队利用周一"三结合"、农民夜校时机，加强宣传动员工作，组织村民拆除整治后院，打造出两块成规模的蔬菜种植示范基地。作为示范基地带头人的艾散江·麦麦提伊敏，在原有两座大棚的基础上，今年又新盖了两座蔬菜大棚和五块小型拱棚，总计 1300 余平方米，种植了辣椒、西红柿、茄子、黄瓜、甜瓜等时令蔬菜水果和秋葵、香椿等特色蔬菜。

为确保庭院种植成效，工作队还利用自身优势，从选种育苗、施肥管理到病虫防治、采摘销售，全过程参与其中，积极协调联系周边乡村种植大户定期前来现场指导，前往周边乡镇市场了解行情等，用实际行动为村民"保驾护航"。

"通过'以点带面'，帮助村民整治庭院、科学种植，提高土地资源利用率、增加农民收入，旨在发挥典型示范带动连片发展，从而推动全村庭院经济的发展。目前，全村 100 余座蔬菜大棚已经进入采收期，预计可增收 500 元以上。"工作队副队长张槐说。

当前，工作队正在积极推进温室大棚、菌包生产车间项目，通过发展特色种植，优化庭院种植结构，帮助村民巩固脱贫成效。

小鸽子放飞致富梦

在赛力乡荒地村发放种鸽仪式上，自治区直属机关工委驻赛力乡荒地村"访惠聚"工作队和百兴鸽业养殖合作社将 1800 多羽种鸽免费分发给村里的 61 户困难户，县相关领导参加活动并讲话，鼓励他们通过家禽养殖的方式拓宽增收渠道，实现增收致富的目标。

当日，赛力乡荒地村的养殖户们早早地准备好三轮车，在村委会院子里排队等候领取种鸽，在发放种鸽的同时，工作队还邀请技术人员现场指导种鸽的科学养殖方法和注意事项及疫病防治等可能遇到的养殖难题。村民买合木提·苏莱曼领取了 30 对种鸽，他表示对今后的生活充满信心。

百兴鸽业养殖合作社

赛力乡荒地村村民买合木提·苏莱曼说："我们是贫困户，今天党和政府发给我们30只鸽子，我会好好地饲养，努力提高自己的家庭收入，感谢党和政府的关心。"

据了解，百兴鸽业养殖合作社于2018年5月经县政府审批在赛力乡荒地村老村委会原址成立。经过改扩建，占地1700平方米，有标准化鸽舍、鸽棚、孵化间、饲料间、养殖间等场地，形成了上万只白羽王种鸽规模，年育种鸽3000羽。通过按照"合作社＋农户"的运营模式，先后为32户建档立卡贫困户发放种鸽840羽。在5年内实现全乡1400户贫困户通过养殖肉鸽增收致富。

村委会及困难户与百兴鸽业签订养殖回购协议。困难户养殖的鸽蛋、成鸽以及孵化的乳鸽，按市场价统一回购，户均每年可销售乳鸽150余只，鸽蛋200余枚，年纯收入预计在3000—5000元。随着养殖规模不断扩大，形成生产、加工、销售一条龙的养殖经营模式，不仅带动了荒地村村民致富，还将辐射赛力乡1000余户建档立卡贫困户以及具备养殖条件的一般户，通过养殖肉鸽增收致富。

自治区直属机关工委驻赛力乡荒地村"访惠聚"工作队、村党工委书记曹鸿建说："我们经营的模式是'合作社＋农户'"，我们按照合作社提供技术、提供鸽苗，农民自己养殖的方式，使贫困户逐渐脱贫。同时我们还要把这个模式辐射到赛力乡全乡，在三到五年的时间内，使赛力乡1400户贫困户都得到这样的种鸽，从脱贫到致富，再上一个新的台阶。"

带领村民养鸽子

家住依克苏乡斯也克村的艾比布拉·巴拉提，有多年的养殖经验。自从养鸽子以来，发现养鸽子投入小，见效快，管理方便，摸索出这条增收致富路后，他还教其他村民养鸽子的技术，现在斯也克村80%以上的村民家里都养上了鸽子。

艾比布拉·巴拉提养了700多只鸽子，卖鸽子、鸽蛋一年的收入就有60000多元。他把养鸽子的技术传授给大家，带领村民一起致富奔小康。

每天早晚艾比布拉·巴拉提都会用玉米、小麦等粮食作物喂鸽子，因为鸽子都是散养，自由采食，这也让艾比布拉·巴拉提省了不少心。为降低成本，艾比布拉·巴拉提想到了农畜结合的方法，家里的40亩地，拿出一半的地种植玉米、小麦，不仅方便管理，还可以喂养鸽子。

不少村民看着艾比布拉·巴拉提的日子越过越好，都想和他一样学习养鸽子。在他的带动下，周围的村民都开始养鸽子，街坊邻居也都向他学习养鸽子的技术。

谈到今后的生活，艾比布拉·巴拉提想继续扩大养殖规模，带领更多的人增收致富。

村民养殖的鸽子

艾比布拉·巴拉提说："我以前养牛、羊和鸽子，现在我专门养鸽子，鸽子疾病少，好养，成活率高，价格也很好，而且政府的政策也特别好，我还要扩大养殖规模，带动周边的村民和我一起养鸽子，大家一起挣钱致富。"

第三节　产业配套　培植发展基础

林果提质增效助推产业脱贫

在泽普县阿依库勒乡怕合特其村红枣精品示范园里，红枣开始坐果，像一颗颗绿色的"玛瑙"挂在枝头，闪耀着诱人的光芒，长势喜人。

红枣精品园内种植户亚森江说："目前来看，红枣正处于坐果期，今年红枣坐果情况还可以，今后一个时期我还要加强病虫害防治，在红枣膨果期加大水肥管理，充分满足红枣生长需要的营养，去年红枣长势好、产量高、品质优，亩产达到550公斤，今年红枣的产量力争比去年还要高。"

近年来，泽普县推进林果业提质增效，建设精品林果示范点，助推脱贫攻坚。全县种植红枣20万亩，建立林果精品示范园2.2万亩，在红枣精品园建设中，严格按照有机果品生产技术规程，抓好红枣提质增效，发动全县枣农加强红枣管理，做好枣树的修剪、花期管理、水肥调控、病虫害防治等工作。实施林果业提质增效项目，解决贫困户林果业投入不足、产量低、品质差的问题，已完成贫困户7.89万亩林果提质增效任务。组建近900人的乡镇红枣技术管理服务队，充分发挥传帮带作用，努力实现户均有一个林果管理技术明白人。发展起来的红枣协会、专业合作社和中介服务组织达30余个，辐射带动

泽普县阿依库勒乡怕合特其村红枣精品示范园

农户 1.3 万户。做强闵龙达、晋泽枣业等农产品企业，积极通过喀交会、林博会、农博会等宣传平台，助推红枣产销。泽普"祖娜尔"骏枣以光滑圆润、皮薄、果大、肉厚、甘甜爽口等特点深受人们喜爱，群众称它为香甜的"红宝石"。

青贮饲料助力畜牧业可持续发展

当前是青贮饲料收贮的最佳时机，连日来，泽普县各乡镇紧紧抓住青贮的有利时机，在青贮质量上狠下功夫，全力做好青贮饲料储备工作，确保全县今冬明春饲草料储备充足和牲畜安全越冬。

古勒巴格乡吐格曼贝西提村吾斯曼·亚森家的玉米地里，各种大小型玉米青贮机在田野里来回穿梭，瞬间将玉米秸秆整株粉碎后，喷进紧随其后的运输车，运往青贮窖或者由加工机器快速捆包起来。

买买提艾力·吾吉艾买提也像吾斯曼·亚森一样，从事养殖业已

收割青贮饲料

经 3 年。他家牲畜过冬需要较多饲草料，今年他将自家种植的 10 亩玉米全部用大型玉米青贮机进行收割、粉碎，制作成青贮饲料，为越冬牲畜备好口粮。

与传统的窖贮相比，打包青贮是将刚收割的新鲜玉米秆粉碎后打捆包裹贮藏的一种技术。近年来，泽普县把青贮饲料加工作为畜牧业可持续发展的重要手段来抓，结合畜牧业发展需求和农村实际，引进新式青贮设备和技术，有效缩短了加工青贮饲料的时间，降低了生产成本，也提高了玉米等秸秆作物的利用率，深受广大群众欢迎。

发展特色水产养殖业为老百姓铺就致富路

党的十九大报告指出，促进农村一二三产业融合发展，支持和鼓励农民就业创业。近几年来，图乎其乡依托优质水源，发挥特色养殖业带头人引领模范作用，带领群众发展特色水产养殖，拓宽致富路。

养殖户王慎民养殖的螃蟹、小龙虾、河蚌等特色水产深受消费者喜爱，水产养殖也让他的致富路越走越宽。王慎民依托桃花湾水库优质水源，引进优良品种，发展螃蟹、龙虾等特色养殖，吸引了不少周边客商前来购买。

王慎民说："我第一年来到泽普县，在桃花湾水库里养螃蟹，这里水质特别好，养出来的螃蟹跟鱼塘里的不是一个等级，膏满黄肥，皮脂特别好。"

泽普镇居民帕夏古丽·托合提麦提听朋友介绍这里的螃蟹品质优良，口感鲜美，一大早便前来购买。帕夏

特色水产养殖

古丽·托合提麦提说："这个地方的螃蟹好吃又大，我们家的大人小孩儿都很喜欢吃。"

对于今后特色水产养殖的发展王慎民充满了信心，也表示将继续扩大种植规模，带领周边养殖户一起，依靠水产养殖走上增收致富之路。

创业"领头羊"铺就致富路

幸福美好的生活不会从天而降，它只会通过自己的努力奋斗实现。在泽普县图呼其乡巴什阿其玛村，买买提明·赛买尔正是通过自己辛勤的劳动，发展畜牧养殖专业合作社，带动周边贫困群众共同增收致富，铺就一条属于他们自己的幸福之路。

2014 年，买买提明·赛买尔从伊犁职业技术学院动物防疫与检疫专业毕业，毕业后的他脑海中浮现的第一个想法就是自己创业。于是，他毅然决然地回到了家乡，创办了泽普县金牛养殖农民专业合作社，然而创业之路却并不平坦。

泽普县金牛养殖农民专业合作社理事长买买提明·赛买尔说：

养牛繁殖基地

"2014年合作社成立以来，引进了110头牛，到了2015年6月，牛的市场价格下降，我们亏损了将近40多万元。在这个困难时期，党和政府给予扶持，让我们享受到国家的项目政策，合作社得以继续发展。到了第二年，我们还完了全部贷款，且盈利了20多万元。"

靠着自己辛勤的付出以及党和政府政策的支持，合作社很快走上了正轨，牛羊存栏量不断增加，收入也逐步提升，然而看着周边依然贫困的乡亲们，买买提明·赛买尔决定扩大养殖规模，吸纳贫困户加入合作社，带领大家共同走上致富路。

泽普县金牛养殖农民专业合作社理事长买买提明·赛买尔说："合作社能有现在的发展，除了我们自己的努力之外，更离不开党和政府的帮助。我想帮助贫困户，让他们在合作社务工，增加收入。现在我的合作社里有4个贫困户，他们每年的务工收入能达到3万元"。

托合提·吐鲁甫是图呼其乡巴什阿其玛村典型的建档立卡贫困户，家中有7口人，收入微薄。为了更好地帮助他提高收入，买买提明·赛买尔便找到了他，让他以自己的牛入股合作社，同时还让他在合作社里务工，现如今托合提·吐鲁甫的收入也得到稳步提高。

图呼其乡巴什阿其玛村农民托合提·吐鲁甫说："合作社成立以来，我把家里的一头牛送到合作社，自己在这打工，每个月有 2500 元的收入，加上分红，每年有 3 万多元的收入，生活过得越来越幸福。"

同村的托米尔·艾孜买提以 15 只羊入股合作社后，每年都能拿到不少的分红，同时自己也在外面务工，对今后的生活，托米尔·艾孜买提充满了信心。

图呼其乡巴什阿其玛村农民托米尔·艾孜买提说："我把我的 15 只羊送到合作社，他们养得很好，我很放心，这样我就可以外出务工增加收入，过上好日子。"

如今，买买提明·赛买尔的合作社发展良好，对于今后的日子，他更是信心百倍。他相信，在党和政府的帮助和带领下，在大家的共同努力下，合作社的发展会越来越好，大家也会向着幸福生活大步迈进。

泽普县金牛养殖农民专业合作社理事长买买提明·赛买尔说："现在我们合作社有 265 名社员，牛羊存栏数 1200 头，今后我们会把合作社经营的更好，依靠合作社提高社员的收入，为脱贫攻坚做出我们自己应有的贡献。"

村办工厂托起农民致富梦

就业是最大的民生工程。近年来，泽普县通过建立村办工厂，引进企业入驻，不仅助力各族群众就地就近就业，拓宽农民增收致富渠道，还让贫困群众在实现就业增收的过程中，收获满满的获得感和幸福感。

在泽普县图呼其乡桑村的启成纺织制品有限公司车间里，已经升

启城纺织制品有限公司车间

任工厂技术负责人的布加乃提·库杜斯正在与工人们一起忙碌着，她是早期进入工厂务工的村民之一，每个月的固定收入，让她的家庭经济条件有了稳步提升，生活状况极大地好转。

和布加乃提·库杜斯一样，同村的吐尔孙古丽·阿布拉由于家里耕地少，没有固定的经济来源，她一直想通过自己的努力，增加家庭收入，但苦于没找到合适的工作。村里工厂开工生产后，她便主动来到厂子里务工，随着自身业务技能的不断提升，如今的她已经变成了熟练的技术工，工资待遇越来越好。

村办工厂不仅为村民们提供了就业平台，工厂整洁的环境和严明的纪律也促进了村民们精神面貌和思想观念的转变。对于未来的生活，大家都始终坚信，有党和政府的好政策，有自己的勤奋努力，生活一定会越过越好。

脱贫路上的领头羊

克热木尼亚孜·吐尔孙是泽普县阿克塔木乡阿亚格托扎克其村四组的一名普通村民。他身材短小，其貌不扬，憨厚质朴，也不喜欢吹嘘自己，站在人群里是个很难引起别人关注的人。但是，谁又能想到，就是这样一个普普通通的农民，凭借勇于创新的勇气、善于经营的头脑和敢想敢干的行动力，通过自己勤劳的双手，不但自己富了，而且带动周围的乡亲们勤劳致富，成为村里有名的"能人"。

善于发现商机　带领合伙人一起致富

克热木尼亚孜·吐尔孙胆大心细，善于抓住机会，勇于尝试。他说："机遇需要我们积极地寻找，找到之后要牢牢地抓住，而不是傻傻地等着它砸到你头上。"他所在的阿亚格托扎克其村在 2014 年以前一直是贫穷落后，群众收入水平低，生活困难的状况，建档立卡贫困户有 97 户 397 人，占到全村总人口的 52%。2014 年，党中央吹响了脱贫攻坚的号角，阿克塔木乡借此"东风"为该村争取到大量项目，为群众硬化道路、规划建设新居民区、带动群众发展生产。2018 年 8 月，村里争取到项目资金建成了容量达 600 立方米的保鲜库。克热木尼亚孜·吐尔孙意识到这个商机不容错过，立刻找到"访惠聚"工作队和村委，为协商承包保鲜库，积极主动物色志同道合的合作伙伴，鼓励带动贫困青年一起创业，经过反复上门协商，5 名贫困户愿意和他一起经营。他努力学习保鲜知识，细心经营，在他的指导下，当年 10 月储存蔬菜 230 吨，次年 2—3 月全部销往市场，营销收入 7 万元，纯收入 3 万元，合伙经营的贫困户户均收入 1.72 万元。

积极响应村委会号召　带领群众发展林下养殖

克热木尼亚孜·吐尔孙不仅头脑灵活、思路开阔，而且号召力强。2019 年初，为巩固脱贫成效，村委会动员群众用好入户项目——鸡舍。克热木尼亚孜·吐尔孙积极响应村委会号召，主动与贫困户协商，将闲置在家的 20 多个鸡舍集中起来，从养殖场购买刚刚出壳的鸡苗，饲养 25 天后分发给有养殖意向的群众，还探索出了"五统一"的管理模式，即统一鸡苗，保证鸡苗质量；统一管理，落实标准化养殖；统一防疫，保证鸡的成活率；统一饲料，保证科学喂养过程和饲养周期；统一销售，保证农民和村集体经济收入。2019 年 4 月，忙活了近 1 个月的克热木尼亚孜·吐尔孙将鸡苗一户一户发到了群众手里，带动 65 户群众在自家的核桃园里发展林下养殖，其中贫困户 62

户。在鸡苗生病的时候，他连夜请来兽医挨家挨户查看情况，给鸡苗打针，为鸡舍消毒，帮着群众为鸡舍盖塑料膜、搭棉被，为鸡苗取暖。2019 年 8 月，林下养殖的第一批土鸡上市，以每公斤 30 元左右的价格销往市场。跟着一起干的群众见到了效益，随着果园土鸡的市场不断打开，养鸡的群众获利也越来越丰厚，最终带动了本村发展林下养殖的 65 户群众，实现户均收入增加 3700 多元。

努力学习养殖技术并传授他人

克热木尼亚孜·吐尔孙善于学习，主动请教，并乐于传授。他没上过大学，只有初中文化。他深知自己文化水平低，文化知识欠缺，特别是汉语水平差，无法适应当代社会的发展要求。因此，自 2017 年"访惠聚"驻村工作队入村以来，他就经常到工作队主动要求学习汉语，村级开办农民夜校后，他第一个积极响应。每次培训班的课堂，他都坐在第一排，认真听讲，积极回答问题，课后认真完成老师布置的作业，考试成绩名列前茅。通过两年多的学习，他现在已经成了"汉语通"，不但可以与汉族同志沟通交流，而且能够阅读一些简单的汉语材料。

承包村里的保鲜库后，他主动找到工作队队员请教有关保鲜库管理经营知识、财务管理知识，经常与工作队的汉族同志交流经营理念，不断提升自己的经营管理能力。为了更好地带动本村群众通过林下养殖增加收入，他主动请教乡畜牧站技术人员有关饲养、防疫、管理等方面的技术，并在养殖中加以实践，现在的他已经成为村里养殖技术"一本通"，村里的群众遇到家禽养殖问题，第一时间就去找他请教。克热木尼亚孜·吐尔孙从来不"小气"，每次都热心为大家一一讲解，让群众听得明明白白、清清楚楚，甚至有时主动上门手把手教群众养殖技术。现在村里的群众都称赞克热木尼亚孜·吐尔孙是个"能人"，也是个热心肠的人。

乐于助人的好党员

心地善良的克热木尼亚孜·吐尔孙，一直牢记着上学时老师教过的课文《吃水不忘挖井人》。他说："我之所以能有今天幸福的生活，归根结底还是因为党的扶贫政策好。我自己富起来了，不能忘记乡亲们。一人富不是富，大家富了才是富。"从他家的生活逐渐好起来后，他就总想着能为村里的其他贫困群众做点什么。第二村民小组阿依提拉·麦麦提是贫困户，家中有 3 个孩子，其中有 1 个孩子患有脑瘫，1 个孩子还在襁褓中。克热木尼亚孜·吐尔孙最放心不下的就是这一家人，跑的最多的也是这一家。

2018 年以来，为了治好阿依提拉·麦麦提儿子的病，克热木尼亚孜·吐尔孙主动跑前跑后为阿依提拉·麦麦提办理相关手续，将其孩子送到乌鲁木齐治疗。同时，考虑到阿依提拉·麦麦提家还有 19 亩地的果园，由于常年给孩子看病，阿依提拉·麦麦提无暇顾及。克热木尼亚孜·吐尔孙看在眼里，急在心里，常常带着妻子和村里的几个邻居到阿依提拉·麦麦提家的果园里帮忙。春天，他们帮助阿依提拉·麦麦提修剪红枣、核桃，夏天帮忙浇水施肥，等到秋天红枣、核桃成熟了，克热木尼亚孜·吐尔孙又帮忙收红枣、打核桃，及时将果品销售出去，保证了阿依提拉·麦麦提地里有收成，有钱挣。2019 年阿依提拉·麦麦提家的收入不但没有降低，还人均增收了 1000 元。"多亏了克热木尼亚孜·吐尔孙的帮助，他真是个好心肠的人！要不是他的帮助，我真不知道生活的盼头在哪。虽然现在孩子的病还没有完全康复，但是克热木尼亚孜·吐尔孙让我感受到了大家对我们家的关心，而且现在我每年的收入也不比别人少，让我对未来的美好生活有了期盼。"阿依提拉·麦麦提逢人就夸赞。

现在的克热木尼亚孜·吐尔孙已经成为阿亚格托扎克其村的"名人"，每当提起他，村民都会交口称赞。克热木尼亚孜·吐尔孙也被党组织吸收成为一名光荣的共产党员！

养殖骆驼创新业

努尔买提·肉孜原本是依玛乡沃力恰喀村的建档立卡贫困户。多年来，他依靠自己的辛勤努力，发展骆驼养殖业，实现脱贫摘帽，走上致富路，成为沃力恰喀村人人皆知的致富带头人。

努尔买提·肉孜一家有五口人，以前一家人靠仅有的几亩地来维持生活，生活条件并不好。一次偶然的机会他发现养殖骆驼很有前途，便参加了村里组织的养殖培训班，学习骆驼养殖技术，并利用5万元银行贷款发展骆驼养殖业。

依玛乡沃力恰喀村村民努尔买提·肉孜说："我们家地少，人口多，靠种地收入不高，被定为建档立卡贫困户。2016年我从银行贷款买了3只骆驼。经过三年的养殖，现在有了15只骆驼。骆驼养殖投入低，经济收益高，驼肉、驼奶、驼毛利用价值高，深受广大群众喜爱，我们每天卖3到5公斤驼奶，每个月能收入7000多元。"

不少村民看着努尔买提·肉孜的日子越来越好，都想和他一样养骆驼，便主动跟他学习骆驼养殖技术，走出一条畜牧养殖增收致富的道路。

养殖骆驼创新业

依玛乡沃力恰喀村村民买买提尼亚孜·麦麦提明说："我看到我们村的努尔买提·肉孜靠骆驼养殖提高了自己的收入，我也到他们家学习骆驼养殖技术。我打算以后也靠骆驼养殖提高自己的收入。"

如今努尔买提·肉孜通过自己的不断努力，改善了家庭生活环境。他们一家人不仅住进了宽敞明亮的新房子，还购买了一辆小轿车，过上现代化生活。

努尔买提·肉孜的妻子阿扎提古丽·吐尔逊说："以前我们家的生活条件不好，自从我和我老公发展骆驼养殖以来，收入得到提高，也住进了明亮干净的新房子并买了车。我们对现在的生活非常满意，感谢党和政府的好政策。"

对于今后的生活，努尔买提·肉孜更是信心百倍，他表示将会继续扩大养殖规模，为更多的人提供就业岗位。相信大家通过自己勤劳的双手和专业养殖技术，日子会越来越好。

依玛乡沃力恰喀村村民努尔买提·肉孜说："我富裕了，但不能忘了父老乡亲。下一步，我会扩大养殖规模，为我们村的富余劳动力提供就业岗位，带领他们跟我一起致富。"

百折不挠　养羊致富

泽普县依克苏乡荒地村的布威妮亚孜·凯尤木靠着一己之力，挑起整个家庭的重担，自力更生，依靠着党和政府的支持，大力发展畜牧养殖，让全家走上了致富之路、幸福之路。

依靠畜牧养殖提高收入的道路，并不是那么的平坦。由于养殖技术不过关，第一年布威妮亚孜·凯尤木就亏损两头牛，价值 15000 元。为了提高技术，不服输的布威妮亚孜·凯尤木买来了关于养殖技术的

喂养牛羊

书籍进行学习，同时寻求乡畜牧站的帮助。随着技术能力的不断提升，养殖见到了效益，自己的努力也得到了回报。

幸福美好的生活不会从天而降，它只会通过自己的努力奋斗来实现，如今的布威妮亚孜·凯尤木依靠畜牧养殖提高了收入。她说，贫穷不可怕，只要自己肯努力，幸福的生活一定会上门；只要肯付出，幸福的生活也一定会来临。

现如今，布威妮亚孜·凯尤木养殖的牛羊繁育良好，家中已有牛羊存栏越来越多，收入也很稳定，她准备继续购买一些牛羊，扩大养殖规模，通过自己的奋斗过上幸福的小康生活。

电商助力农民网上"淘金"

2019 年 11 月 23 日，泽普县赛力乡 25 户贫困户搭上电商扶贫采购顺风车，与电商企业签订长期购销协议。连日来，泽普县电商企业已陆续收购苹果 800 余吨、红枣 1000 吨，经过企业精细化分拣、包装、贴牌后，统一按照客户网络订单发送到每一个消费者手中，有效拓宽农副产品销售渠道，助力农民网上"淘金"。

线上线下融合　打造网销平台

泽普县 2018 年获批为国家级电子商务进农村综合示范县。两年来，泽普县充分发挥农村电商助力脱贫攻坚作用，让电商扶贫惠及更多贫困群众。按照"一个中心＋五个体系＋精准扶贫"的建设要求推进国家电子商务进农村综合示范项目，以线上线下相结合的方式进行销售，已建立 1 个县级电商服务中心，6 个乡镇电商服务站，63 个村级电商服务点。依托淘宝、京东专营店、区域农产品特色馆等全面上线泽普各类农副特产，网上开设了"中国特产·泽普馆"，上架销售泽普冰糖心苹果、泽普骏枣、泽普核桃、新梅干、民族服饰及手工艺品等，已培育 10 多家企业开展电商销售。线下组织电商扶贫农产品企业通过展销形式推介泽普农副特产，积极对接贫困户解决农产品销售难问题，泽普县电商企业先后参加了第 101 届全国糖烟酒商品交易会、贫困地区特色农产品品牌推介洽谈会等，泽普当地特色农产品优良的品质和亲民的价格赢得了不少消费者的青睐。

扩大电商服务从业队伍 形成本地电商发展合力

泽普县奎依巴格乡玉吉米勒克村阿卜杜艾尼·吐尔荪学习电商知识后，开设了电商平台，代理泽普农特产品，去年通过线上电商平台把自家和邻居家的红枣、核桃卖到了上海，短短一个月纯收入 2 万余元。据奎依巴格乡玉吉米勒克村电商服务站站长阿不都赛买提·吐尔洪介绍，11 月 18 日至 20 日开展的"精准扶贫网货直通车"活动效果不错，已在该村采购苹果近 20 吨。阿卜杜艾尼·吐尔荪、阿不都赛买提·吐尔洪等是泽普县通过培训，培养出的第一批电商"淘金者"。泽普县为打造本土的电商服务队伍，采取"电商＋夜校人才培养"的新模式开展专题培训，今年以来，已培训 1042 人次，培训站长 77 人次，转化返乡大学生电商创业 15 人次。充实服务站服务项目，采取"服务中心＋服务店＋贫困户"的模式，村级服务站点不仅仅具备网上农副产品推介，同时还具备网上代购，充值话费，代办违章处置，代缴电费、水费等功能。目前全县从事电商的个体户达 50 余户，就

泽普县电子商务示范项目

业 200 余人。

打通物流通道　补齐农村电商"最后一公里"短板

为加快推进电子商务进农村步伐，着力构建工业品下乡、农产品进城网络通道，切实提高电子商务在农村应用范围，建立完善农村电子商务配送及综合服务体系，全面助推打赢脱贫攻坚。电商企业已和顺丰、百世、中通等快递企业达成线上合作意向，与邮政达成工业品下乡合作意向。建成具备现代物流功能的仓储物流中心 1 个，工业园区等配送中心 3 个，物流服务园 1 个。据了解，目前在建的 1000 平方米农产品网货初加工及分拣中心，预计 12 月底投入使用，正式建成后，将实现县域小循环商品分拣功能，面向前线企业、合作社、创业带头人开放网销产品的集中存放管理和对乡村网点的配送服务，进一步打通电子商务服务销售网络、物流配送"最后一公里"。

第3章

促进就业稳定增收

第一节 转移就业 拓宽收入来源

提升创新创业能力 助力泽普双创升级

为提高泽普县群众的创新创业能力，进一步营造创新创业氛围，促进以创业带动就业，助力脱贫成果巩固提升，泽普县科技局在古勒巴格乡政府、图呼其乡、奎依巴格乡和泽普镇分别举办了"泽普县创新创业能力提升培训班"。此次培训的对象包括各乡镇的卫星工厂负责人、合作社负责人、电子商铺负责人、创业者、待就业大学生和对创新创业感兴趣的部分群众，共计195人。由两位老师授课，培训内容包括自治区创新创业政策解读、喀什地区创新创业资源与活动推介、创新创业典型案例分享、电子商务基本知识等。

除了集中理论授课中的互动，培训还在结尾加入了座谈环节，让到场听众踊跃提问，讲师逐个解答。问题种类涉及员工岗前培训补贴、

泽普县创新创业能力提升培训班

电子商铺营业、科技项目申报等多个方面，30 余名学员在会后就相关问题与讲师进行了深入的探讨。

通过培训，到场听众不光学习了部分创新创业的优惠政策，进一步培养了创新思维，还对县农村电子商务发展的大好机遇有了新的认识。部分创业者已有意向投入到农村电子商务的致富浪潮中。

创新创业能力的提升不是一蹴而就的，此次培训为各位培训人员链接了优质的创新创业服务，比如泽普县民生创业孵化园，让有意创业和把初创企业做大做强的双创先锋找到更适合自己的平台，并持续提升自身的创新创业能力，为更好地建设创新型泽普积蓄力量。

易地搬迁：对新生活说"你好"

春意渐浓的 3 月，是热娜古丽·喀尔曼告别昆仑山的第 8 个月，也是她下到平原生活的第 8 个月。从牧民到五金店的店主，这个山里女人正在适应她的新身份。

去年夏天，热娜古丽一家六口告别了连片山区，从新疆阿克陶县库斯拉甫乡一路向东，搬到了 94 公里外的泽普县桐安乡。

这是发生在新疆昆仑山区一次跨地州、整乡镇的移民搬迁，从克孜勒苏柯尔克孜自治州到毗邻的喀什地区，1200 户、4543 名深山农牧民一同出山。他们告别的地区素有"万山之州"的称谓，山地面积超过 95%，属集中连片深度贫困区。

"每年 5 月到 7 月，山里洪水、泥石流就来了，要么房子被淹，要么土地被冲。"生于昆仑，长于昆仑，对于脱贫，与群山厮守了 32 年的热娜古丽无计又无力，"贫困就像那山，我们生下来就置身其中。"有时长达一个月，热娜古丽和丈夫买合肉甫·木拉吧都很难挣到 100 元。

2018 年 7 月，易地扶贫搬迁让希望之光照了进来。

从搬出那天起，热娜古丽和买合肉甫就立下决心存钱。不管多苦，每人每天也得拿出 100 元，作为"家庭发展基金"存下来。

在他们的新家——桐安新城，50 平方米或 80 平方米的新房整齐排列，户均 300 平方米的庭院、40 平方米的牛羊暖圈，还有配套齐全的社区活动中心、卫生院、小学、幼儿园。有了自来水，用上了电，想起破败的老家，热娜古丽偶尔感到恍惚，"一切真是不可思议"。

告别了山田与放牧，在城镇立足，夫妻俩要找到谋生的新路。"刚开始想开个小吃部，后来发现大家都忙着装修房子，大小材料都要去县城买。"夫妻俩一合计，当月就开起了一间五金卫浴建材铺。

家里女人负责看店，男人却不会安装。买合肉甫想到了"偷师学艺"，用三天时间跟着县城一位安装师傅到处跑，总算学会了门道。

"批发商赊给我们商品，等卖出去再回款，但其实卖卫浴主要挣的是安装费。"一件赚 100 元，两个多月，仅安装费就收入 5000 多元，热娜古丽用这笔钱给新家添置了沙发和茶几。

大人在变，孩子也在变。"孩子们有了自己的理想，有要当兵的，有要当医生的。"而这些是孩子们从未提起过的。

与热娜古丽类似，在距离桐安新城 200 多公里的巴楚县，古丽尼沙·克热木也刚搬迁不久。不同的是，古丽尼沙的老家不在深山，而在荒漠边。

2017 年，作为建档立卡贫困户的古丽尼沙，从全县最偏远的阿瓦提镇搬进 100 公里外的县城，入住幸福园社区 68 平方米的新房。作为全县易地扶贫搬迁点，幸福园社区接纳了来自全县的 765 户、3229 名贫困户。

2017 年 7 月，古丽尼沙来到配套建在幸福园社区内的卫星工厂，成为 115 名服装女工中的一员。

刚进工厂，她内心忐忑不安。"我是农村来的，不会用缝纫机，要是用坏了怎么办？"但古丽尼沙很快发现，不止她自己，百余名女工几乎都没用过缝纫机。

泽普明确以就业为导向，加大对纺织服装产业支持力度，越来越多的东部纺织服装企业落户泽普。而当地劳动力学历、技能水平普遍不高，需要政府和企业付出成本进行培训。

剪布料、缝衣服，古丽尼沙和其他"菜鸟"一起开始接受培训。三个月带薪培训的背后，是当地政府的大量补贴投入。

接受采访时，古丽尼沙戴着金耳环，涂着口红，发型时髦，穿着洁净的白毛衣。以前她不舍得打扮自己，衣服都是二三十元的，"那时候难看得很，孩子也脏脏的。"

成为产业工人后，她每月收入稳定在千元以上。曾经有些"大男子主义"的丈夫自从进了城，也主动承担起更多的家庭责任。

就业创造幸福生活

一直以来，泽普县广大农村妇女受传统生产生活方式的影响，大部分只是在家中操持家务、带孩子做饭。近几年，随着越来越多的卫星工厂在乡村成立，也让越来越多的农村妇女走出家门，用勤劳的双手创造自己的美丽人生。

在波斯喀木乡苏盖提艾日克村的娜姿宁民族服装设计制作有限公司，30多名工人正在缝纫机上紧张地忙碌着，古丽斯坦·吐鲁洪也是其中之一，自从进了厂里务工，自己的收入提高了，生活状况也比过去有了很大的提升。

娜姿宁民族服装设计制作有限公司员工古丽斯坦·吐鲁洪说："我在这上班已经一年了，这里离我家特别近，上班的同时我还能照顾孩子，现在我每个月工资1800元左右，改变了家里的经济条件，也依靠务工收入实现了脱贫。"

收入提高了，生活好了，古丽斯坦·吐鲁洪也深刻地明白，这一切都是靠着党和政府的关心关怀才有的，她也时刻鞭策自己，要更加努力，好好学习，努力工作，用自己的双手创造美好的明天。

和古丽斯坦·吐鲁洪一样，同为贫困户的阿依夏木古丽·买买提也在娜姿宁民族服装设计制作有限公司里实现了自己增收脱贫的目标。现在的她，在努力工作的同时，也在认真地汲取各种知识，依托党和政府的好政策，过上了美好的生活。

娜姿宁民族服装设计制作有限公司员工阿依夏木古丽·买买提说：

女工在缝纫机旁工作

"我以前读过裁缝专业，对这个工作特别感兴趣，这个厂子成立之后，我就报名来上班，在这里我不仅能学到技术，还有稳定的收入，我也会通过自己的努力来改变我的生活状况，过上更美好的生活。我也相信有党和政府的帮助，我们的生活会越来越好。"

如今，在娜姿宁民族服装设计制作有限公司有 50 余名妇女像古丽斯坦·吐鲁洪和阿依夏木古丽·买买提一样在家门口实现了就业，她们也成为了家庭的经济支柱。在实现自立的同时，也感悟到了人生的价值，用自己勤劳的双手，拥抱全新的现代生活。

创业 + 就业扶贫：让群众拥有满满的获得感

习近平总书记强调："人民对美好生活的向往，就是我们的奋斗目标。"泽普县各"访惠聚"工作队通过突出舆论宣传，强化政策引领，注重典型引路，提高各族群众参与返乡创业的积极性，增强创业的决心和信心，营造了浓厚的创业就业氛围。

在赛力乡古勒巴格村新建的创业就业基地，经营着超市、餐饮、杂货店、理发店、缝纫店等各类商铺。该村的阿里木·图如普就在

村民自营的杂货店

这里开了一家微商店铺，50平方米左右的小店里承接各类网购、快递、话费充值等业务，同时，各式日常用品一应俱全，来往的顾客也络绎不绝。他和妹妹阿曼尼沙·图如普在柜台前收发货物、为顾客结账，始终不停地忙碌着。

赛力乡古勒巴格村村民阿里木·图如普说："我从3月份开始经营这家店，店里除了有一些日常用品外，还办理手机充值、网上购物等业务，给大家带来方便的同时，自己的经济收入也提高了。"

在经营这家店铺之前，阿里木·图如普还是一个为给母亲看病四处奔波的"打工仔"。2018年初，新疆油田公司驻赛力乡古勒巴格村工作队借助村里新建的创业就业基地，鼓励阿里木·图如普利用电商平台开一家网店，并在店里销售一些日常用品，创业计划制定好后，驻村工作队还帮忙办理各类证件、购买货架等一些准备工作。3月初，阿里木·图如普的店铺正式营业，由于地理位置较佳，生意一直很好。

阿里木·图如普说："我很感激驻村工作队的帮助，我现在每个月收入可以达到3000元左右，生活质量提高了，还可以定期带母亲到医院看病，驻村工作队在办理经营证、进货等方面也给我提供了很大帮助，衷心感谢党和政府、驻村工作队和村干部。"

店铺开业后，不仅解决了阿里木·图如普和妹妹的就业问题，也方便了村民网购及日常购物的需求。

村民吐孙尼萨·库迪热提说："自从这个店在我们村建立以来，

给我们村民带来很多方便，利用电子商务平台我们可以给手机充值、网上购物，以前为了给在外地上大学的弟弟妹妹寄钱，经常要跑到县城，现在利用这个平台我就可以汇款。"

同样在家待业的阿尔孜古丽·麦提库尔班是村里典型的建档立卡贫困户，一家人全靠丈夫一个人的收入来维持，生活十分艰难。今年，听说村里要帮扶贫困户开店创业，阿尔孜古丽·麦提库尔班主动申请要开一家小吃店。现如今，她家的小店由于经营种类多、味道好，顾客也是源源不断。

阿尔孜古丽·麦提库尔班说："党和政府帮我们建了商铺以后，我靠自己的一技之长经营着这家凉皮店，每个月的收入达到了 1500 块钱，我们的生活现在是越来越好了，感谢党和政府，感谢驻村工作队。"

自新疆油田公司工作队入驻赛力乡古勒巴格村以来，针对全村贫困群众缺乏就业实践平台的问题，因地施策、因人施策，积极为贫困户搭建创业就业平台，为全村脱贫攻坚找到了出路，满足了老百姓离土不离乡、离家不离村的愿望，为老百姓多元增收提供途径，为扶贫攻坚搭建就业平台，带领越来越多的贫困群众脱贫致富。

新疆油田公司驻赛力乡古勒巴格村工作队副队长马晓亮说："我们古勒巴格村创业就业服务中心是去年 7 月份投建的，今年 3 月份建成投入使用，一共有 11 家门店，解决了 8 户贫困户、3 户一般户就业，让村民足不出户在村里就能创业，不用外出打工就能脱贫，创业服务中心的建成使用不光带动了就业，同时也为我们村民的生活带来了很多改变。"

织袜厂"织出"幸福生活

"从来没想过在家门口就能打工挣钱，还不耽误照顾家人，现在我每个月 1500 元的收入让周围村的姐妹非常羡慕，都想到我们厂来

村民在织袜厂工作

上班呢!"家住泽普县古勒巴格乡吐格曼贝西村的村民古再丽·吐尔逊一提到现在的工作就按捺不住内心的喜悦。

吐格曼贝西村是典型的农业种植村,距离城区较远,妇女群众外出务工不便。如何为她们找到稳定的收入渠道成为塔里木油田分公司驻村"访惠聚"工作队队长尚明福不断思考的问题。通过市场调研,尚明福将目光瞄准了一种人们经常使用的商品,它就是不但有装饰作用和实用功能,而且款式多样、材质多样、价格亲民、市场需求较大的袜子,最终决定在村里兴办织袜厂。

2018年3月,在派出单位的大力支持下,工作队争取到31.62万元,引入炬川袜业公司进驻,建成拥有电脑制袜机25台,占地面积300平方米的厂区,完善了地坪、隔断、卫生厕所等配套设施。经过短期的操作培训,村民掌握了技术要领,加上有专人负责机械维修,大家学习织袜手艺务工致富的信心高涨。

在织袜车间里,每天都有10多名动作娴熟的女工像古再丽·吐尔逊一样分别在机器前紧张忙碌着,经过编织、封头、定型、熨烫、包装等工序,一根根棉线变成了一双双色彩亮丽、穿着舒适的袜子。目前,小车间月生产男女各式袜子5万余双20余种,已销往周边县城及乡镇,深受当地群众喜爱,为村里的群众找到了一条就业渠道,巩固来之不易的脱贫成效。

村党支部"第一书记"、工作队队长尚明福说:"织袜车间的建立解决了村民就近就业难、收入渠道窄的问题,让村民获得了稳定的收入渠道。一年来，村民思想也得到了转变，大家都自愿从家门里走出来了，在村制袜厂以自己勤劳的双手创造美好生活。下一步，工作队将陆续增加织袜机的数量，提升工人的技术水平，吸收更多的人员实现就业。"

工作队搭台　夫妻俩的"美丽"事业有了着落

进入深秋以后，早上 9 点多钟天才微微泛起白光，波斯喀木乡巴格其村村委会旁的一间 30 平方米的小理发店里，买合木提·瓦依提小两口已经开始忙碌起来。"有时候一大早就有村民过来刮胡子、理头发、做美容，我得提前把屋里的设备和卫生整理一遍，给大家一个舒适整洁的环境。"买合木提·瓦依提一边擦着烫发机一边说。

买合木提·瓦依提是巴格其村的建档立卡贫困户，家里有四口人，两个孩子正在上学，仅有的 8 亩土地是他们唯一的经济来源，生活比较困难。买合木提先前在县职业技术学校培训过理发技术，也在县里的理发店当过学徒，妻子在喀什市培训过一个多月，夫妻二人都有理发的手艺，一直想有一家自己的理发店，但苦于缺乏资金，这个心愿一直深埋心底。

泽普县住房和城乡建设局驻村"访惠聚"工作队到位以来，为进一步促进群众脱贫致富，积极调整产业发展结构，依靠位于城乡接合部的有利地理位置，针对当前农林果业及畜牧养殖互相影响、互相制约，效益不显著、发展不合理的问题提出了"多元发展、多格局致富"的目标，依托村国语夜校培训平台，采取与理发店、餐饮店等开展合作的方式，把培训课堂搬进教室、搬进村民家，面对面、手把手现场指导，确保广大村民在家门口学、在家门口实践、在家门口就业。

工作队在入户过程中了解到买合木提想开理发店的心愿，想办法积极筹措资金，在村里的"五小工程"帮助下，买合木提申请到 1 万元的靓发屋项目资金，开了一间门面房。很快在工作队的前期帮助宣

深受村民喜爱的理发店

传和推广下，买合木提的理发店红红火火地开业了，因为手艺不错，价格便宜，深受群众喜爱，群众理发再也不用跑远路了。

"开这个理发店一直以来都是我的梦想，在工作队的帮助下，理想已经变成了现实，小店现在可以做头发保养、染发、剪发以及给新娘子盘发、美妆等服务项目，能提升村民的精神气质，展现新时代农民的好形象。现在我每天的收入平均都在150元以上，真没想到在村里也能有这样好的发展机遇，特别感谢驻村工作队！感谢党的好政策！"买合木提乐滋滋地说。

小工厂圆了农民脱贫梦

当米娜外尔·阿巴拜克热领到第一个月的工资时高兴地说："以前群众打工都要到村以外，很不方便，现在有了卫星工厂，我一出门就可以上班了，不仅可以学到技术，还可以在工作中增强日常汉语基础知识，关键是还能足额领到工资，我还有什么理由在家里当家庭主妇呢？"

在脱贫攻坚过程中，玉吉米勒克村"访惠聚"工作队和村"两委"依托自身优势，坚持多渠道开发就业岗位，多形式转移就业、多措并举鼓励广大群众自主创业，通过采取走出去、引进来的措施，努力帮助本村贫困户如期脱贫。近45名像米娜外尔·阿巴拜克热一样的群众就近实现了稳定就业，这都得益于泽普县、乡镇以及"访惠聚"工作队上下通力的合作，也为当前乃至今后的脱贫攻坚巩固成果奠定了良好基础。

泽普县奎依巴格乡玉吉米勒克村阿娜古丽服装有限公司从成立至今，主要从事服装加工、地毯、床上用品、花帽、刺绣、定制、缝纫、来料加工等，公司注册资金 100 万元并不断发展壮大，共解决 96 名本村群众就业。在各级政府的支持下，将会为带动地方经济助力脱贫攻坚起到"助推剂"的作用。

家具厂成了脱贫"梦工厂"

党的十九大报告指出，就业是最大的民生，要坚持就业优先战略和积极就业政策，实现更高质量和更充分就业。全县各乡镇紧紧围绕落实国家和自治区各类就业政策，通过建设卫星工厂，让农村富余劳动力实现就地就业，为巩固脱贫攻坚成效打好基础。

众多的工人都在自己的岗位上加工、包装、清点，忙得不可开交。阿依加玛丽·努尔兰之前一直在家务农，收入微薄，工厂成立后，便报名来到厂里上班，现在她每月都有一笔稳定的收入，微笑也常挂在她的脸上。

赛力乡依玛村村民阿依加玛丽·努尔兰说："我来到这里上班已经快两个月了，第一个月拿到了 2000 元工资，现在不仅有了稳定的收入，而且就在家门口上班，

村民在家具厂工作

我很高兴，今后我一定要努力工作，增加自己的经济收入。"

该村的阿提开木·阿布都热依木家里有四口人，一家人全靠做零工来维持生活，在听说村里建立了卫星工厂以后，她就和姐妹们一起来到这里上班。在这里上班每个月都能收入 3000 元左右，对今后的生活，她充满了信心和期盼。

赛力乡依玛村众鑫家具厂于今年 9 月份正式注册成立，工厂拥有先进的家具生产线和电脑自动加工系统，集产品设计、生产、销售及服务于一体，采取"总部＋卫星工厂＋农民"的生产模式，企业通过岗前技术培训，为农民按合同支付底薪加计件工资，这让无法外出务工的村民，实现了在家门口就业的梦想。

村民帕提古丽·图尔孙说："我村里有一个卫星工厂，离我家很近，两分钟就到了，我一个月的保底工资 2000 多元，还有提成，而且在这里上班三顿饭免费，我要在这个厂子里好好学习、好好干，相信家庭年收入至少能达到 5 万多元。"

赛力乡依玛村众鑫家具厂负责人刘萍说："我们家具厂现处于经营初期，现有职工 56 人，工资待遇 2000—8000 元不等，今后我将不断扩大经营规模，招收周边的农民，帮助他们解决就业问题，增加他们的家庭收入。"

为坚决打赢脱贫攻坚战，近年来，泽普县始终秉持"稳定就业一人，脱贫致富一家"的理念，多渠道开发就业岗位，多形式转移就业，多举措鼓励自主创业，把卫星工厂建成集培训、就业、创业为一体的精准就业扶贫基地，在农民家门口建成卫星工厂，扩大就业规模，让更多的农村富余劳动力在家门口实现稳定就业，全力助力脱贫攻坚。

自治区机关工委驻赛力乡依玛村"访惠聚"工作队队长亚森·阿布都热依木说："切实把卫星工厂作为促进群众就近就地就业的重要方式，就业一人，脱贫一家的重要载体，我们建设一个卫星工厂，实现村民在家门口就业，为助推全村整体脱贫摘帽打下坚实的基础。"

织起简约的土布　踏上富裕的道路

早上 10 点，伴随着"哒哒哒"的织布机声，在泽普县依玛乡托万喀拉尤勒滚村卫星工厂车间内，工人们正坐在手工织布机前织造土布，呈现一片繁忙的景象。"我有机器你织布，搬回家里能致富。"——墙上醒目的标语时时刻刻激励着女工们奋进。

女工齐曼古丽·吐尔苏今年 22 岁，因为家里人多地少，还有孩子需要照顾，没办法外出务工。中石油西部钻探有限公司驻村"访惠聚"工作队到位后，了解像齐曼古丽·图尔荪这样类似情况的妇女有 300 余人，为了给妇女们寻找一条合适的出路，工作队多方协调，新建土布编织卫星工厂，寻找企业入驻，组织妇女培训，寻找产品市场，圆了妇女不出村就能务工的致富梦。

村民齐曼古丽·吐尔逊说："我以前在家里干活，没有挣钱的途径，自从卫星工厂建起来后，我每天都来这里参加织布培训，从什么都不会到每天能织 1—2 米，再到现在每天能织 5 米，月工资有 1000 多元，我觉得特别高兴。"

中石油西部钻探有限公司驻村"访惠聚"工作队队长吐尔逊·买买提说："民间老土布是几千年来中国劳动人民世代沿用的一种手工织布工艺，完全绿色环保无污染，符合现代人回归自然的心境，我们在卫星工厂引进土布制作，采用民间手工织布工艺，不经化学处理、漂白、印染等化学成分，织成的土布朴实无

织布厂务工的妇女

华、淡泊悠然，抛去了刻意的华丽装饰，是现代繁华都市人之最爱。目前工厂吸引了全村100多位妇女务工，给大家提供了就业岗位，改变了村里女同志很难走出家庭去工作的窘境，现在织布的妇女在家里腰杆都直了，成为家庭致富奔小康的又一支生力军。"

"小作坊"变大厂房　圆了群众致富梦

近日，在自治区农村信用社联合社驻泽普县依克苏乡塔尕其村"访惠聚"工作队的主导下，村里信友服装厂搬迁至1000平方米的新车间，新增培训就业基地200平方米，拥有了6条先进生产线，230台机械设备，扩大了生产规模并增加了产量。

工厂的扩建使更多的农村妇女被改造为现代化的产业工人，改变了妇女只能在家做饭带娃的传统观念，对村民的老旧思想形成强烈冲击，拓宽了致富门路，群众致富的劲头足了，村里的风气正了。

据了解，目前卫星工厂每月可生产、加工、销售成品服装近5万套，实现产值50余万元，人均工资达到2000元。村民阿曼尼沙·艾拜都拉是卫星工厂的一名员工，已在工厂务工1年多。她说："经过村卫星工厂的培训，我掌握了制衣的技能，走上了就业岗位，现在又搬进了新厂房，使用了新机器，感受了新环境，看着完成的订单越来越多，我的心里很高兴，通过双手致富的好日子越来越近了。"

工作队长陈伟林说："妇女能顶半边天，如何转变家庭妇女观念，引导她们走出家门是我们

服装厂务工的妇女

做好脱贫攻坚的一个重点。2017 年 6 月，我们利用自治区农村信用联合社信友基金修建的卫星工厂场地小，吸收人员少，只能进行前期培训。现在工作队申请资金给群众搭建致富平台，提供就业岗位 230 个，人均月收入不低于 1500 元，产生了经济效益；群众学会了一项技能，完成农民到技术工人的蜕变，综合素质提高，社会效益增加；务工妇女有了收入，家庭地位明显提高，提升了家庭效益；勤劳致富的思想不断深入，打破了群众的传统观念，产生了文化效益。"

姐妹齐心制糕点　共享甜蜜新生活

在泽普波斯喀木乡玉吉买艾热克村莱兹提蛋糕饼干厂温暖的厂房内，布吐尔逊·托和提和姐妹们有条不紊地忙碌着。一团团面粉在姐妹们一双双巧手的烘焙制作下，变成了一个个松软的面包，诱人的色泽和香甜气味吸引着人们的味蕾。

中石油新疆油田分公司驻村工作队入驻后，通过入户走访、民意调查等方式，发现该村部分妇女通过勤劳双手致富的意愿较为强烈，但一直苦于缺乏就业技能和增收渠道。工作队积极与企业对接，多方沟通协调，得知莱兹提蛋糕饼干厂需要办厂地点扩大规模，为了给村民搭建就业平台，特邀请工厂在村落户，让村民学到一技之长，拓宽贫困户脱贫致富的路径。

"原来我只是一个家庭妇女，现在我在村里蛋糕厂上班，学到致富技能的同时每个月能挣 1000 多元，既能照顾老人孩子，又能挣钱增加

制作糕点的妇女

收入，真是太感谢工作队了！"在工厂休息室里，村民布吐尔逊·托和提笑着跟身边的姐妹们分享在家门口工作的喜悦。

据工厂负责人阿米娜·牙生介绍："在驻村工作队的协调下，给我们免费配发了和面机、蒸箱等设备，建成了300平方米的制作间。目前能制作的糕点有30余种，每天出产面包、饼干1500到2000袋，吸收村里16个人务工，其中贫困户8人，能为群众致富贡献一点力量，我也很高兴"。

村"第一书记"、工作队队长吐尔逊·买提尼亚孜说："工作队自入驻以来，积极开办各类技能培训班，不断提升劳动者技能水平，增强村民的就业信心，带领群众朝着'一人就业，全家脱贫'的目标迈进。引进的蛋糕工厂，让群众足不出户就找到了工作，为他们增收致富奔小康打下了坚实的基础。"

美丽事业从"头"开始

"在县妇联和工作队的帮助下，现在理发店的顾客越来越多，生意越来越好了！"依玛乡巴格艾热克村村民努尔艾拉·艾山开心地说。

走进努尔艾拉·艾山的美容美发店，她正一边忙着给顾客剪发、化妆，一边给顾客介绍自家店里的化妆品。

村民古丽赛娜木·艾海提说："以前剪发我们要到乡里或县城，现在我们村也有了美容美发店，真的太方便了！"

努尔艾拉·艾山从小就喜欢美容美发，初中毕业后，学习了美容美发技术，希望开家自己的店，但由于家庭经济困

正在为顾客设计发型

难等原因，店一直没能开起来。

她与丈夫买提库尔班·托合提商量后，跟村委会大胆说出了自己想开店的想法，得到了县政府办公室"访惠聚"驻村工作队的大力支持，积极帮助其申请了自治区妇联"共享美丽——农村女性美容美发"建设项目 1 万元的设备补助。努尔艾拉·艾山的美容美发店开张营业了，工作队还发动党员、各驻村力量帮助她进行宣传。凭借娴熟的技术和踏实肯干的精神，现在她的美容美发店月纯收入可达到 2000 元以上。

"现在每天都会有一些顾客来理发或美容化妆，我打算再带几个徒弟，帮助村里更多的妇女学会美容美发和护理，靠自己的双手实现脱贫致富。"努尔艾拉·艾山信心满满地说。

掌握一技之长　脱贫更有底气

春种一粒粟，秋收万颗子。对广大贫困户来说，比起田间播种，脱贫致富的希望种子更要在心里播撒。为进一步走进群众的内心，夯实群众就业基础，中石油西部钻探有限公司驻泽普县依玛乡托万喀拉尤勒滚村"访惠聚"工作队经走访调研，结合村情实际，在县乡两级党委、政府的大力支持下，引入织布卫星工厂吸纳了无法外出务工的 100 名妇女就业。

为期 3 个月的实习结束了，织布

织布的女工

女工领到了就业以来的第一笔工资，大家都欢呼雀跃，无比兴奋。贫困户帕坦木·哈斯木领到工资后高兴地说："刚开始来的时候，规定我们是计件工资，没想到实习期还能领到工资，真是太高兴了，以后我要努力学习技术，挣更多的钱，过更好的生活。""这都是党和政府给我们关心关爱的好政策，感谢党和政府，也感谢工作队和村'两委'给我们搭建就业的平台，解决了我们就近就业的愿望，既能忙农活、照顾家人，还能学手艺。"买热木尼沙·色代买提激动地说。

托万喀拉尤勒滚村卫星工厂占地600平方米，目前有手工织布机100台，由厂家负责供料收布和技术培训，按照每米8—10元发放工资。自2018年9月试运行以来，全村妇女白天忙农活、晚上学织布，大家从最初的接线开始，到现在的熟练操作仅仅用了3个月时间。如今走进工厂，每名妇女都能娴熟运用织布机，依靠勤劳的双手将一根根普通的细线制成一张张简约的布匹，也织出了自己的幸福生活。

工作队队长、村"第一书记"吐尔逊·买买提在发放仪式上说："自从织布厂试运行以来，大家都付出了时间和精力，学到了一门手艺，今天是发放实习期工资的日子，工资虽然不多，但这是对大家付出的一种肯定，希望大家继续努力，用自己的双手创造幸福的生活。"

村领导、县委常委、统战部部长艾力·托合提表示："织布厂的建立为广大群众提供了就地就近就业的平台，考虑大家首批实习期间织出的布匹有所欠缺，工作队会同县乡两级部门和厂家多次沟通，最终商定给大家支出实习期的工资，希望大家要再接再厉，学习技能，掌握一技之长，提高自我发展能力，增强致富信心，不断提升自己增收的能力，不辜负党和国家的关心关爱，如期脱贫致富。"

乡村扶贫车间助力村民增收致富

就业是最大的民生工程。近年来，泽普县大力发展招商引资，通过建立村办工厂，以产业促就业、以就业促脱贫、以脱贫促稳定，不仅助力各族群众就地就近就业，拓宽农民增收致富渠道，还让困难群众在实现就业增收的过程中，收获满满的获得感和幸福感。

村民在扶贫车间就近就业

已经升任工厂技术负责人的姑丽汗·阿不都可热木也是阿尔塔什移民搬迁户之一。搬迁以后，她便进入家门口的工厂务工，通过几个月的努力，现在每个月有了固定的收入，让她的家庭经济条件有了稳步的提升，生活状况也有了极大的改变。

与姑丽汗·阿不都可热木一样，在该厂就业的还有玛依努尔·托合逊，她以前在内地务工，但是一直苦于家中父母身体不好，无人照顾，正好家门口新建了厂子，她便从内地回到家乡，在家门口就业。

近年来泽普县始终秉持"稳定就业一人，脱贫致富一家"的理念，积极发挥县、乡、村三级平台作用，把乡村车间建成集培训、就业、创业为一体的精准就业扶贫基地，让农民在家门口就能实现稳定就业，全力巩固脱贫成效。

夜间经济成为贫困户增收新亮点

夜幕尚未降临，体验夜生活的人们已陆续涌入夜市，夜市内人流熙熙攘攘，热闹非凡。在 28 号摊位前摊主努尔曼古丽·买吐尔迪不停地忙碌着，食品桌上肉馕、那仁面、绿豆面、饺子、油饼等各类小吃，散发着诱人的光泽和扑鼻的香气，排队购买的顾客络绎不绝，摊位旁边的小饭桌也都被顾客坐的满满当当，甚至出现"一座难求"的盛况。努尔曼古丽·买吐尔迪平均每天的营业收入为 600 元左右，周六周日及节假日营业收入可达 1000 元左右。这在往年，对于家中无地，无技能、无经济来源渠道的困难户努尔曼古丽·买吐尔迪来说，是想都不敢想的。

据夜市相关人员介绍，像努尔曼古丽·买吐尔迪一样受益于夜间经济的贫困户达 400 余人，夜市直接解决贫困户就业岗位如服务员、保洁等近 200 人。

泽普县在激发夜间经济活力，发展夜间经济过程中，优先解决贫困户就业，积极为贫困户搭建就业平台，拓宽增收致富路径，引导贫困户在夜市内摆摊经营，夜市内商铺三年免收租金，只需带着餐具和食材就可入驻营业，降低贫困户创业负担。同时，对夜市内从业人员进行免费培训，提高服务质量和水平。夜市内特色牛肉面店服务员布尼亚孜汗·买买提是城郊乡的一名贫困户，家中地少人多，经济来源单一，务工是一条增收的好途径，在经过 15 天岗位培训后正式上岗，现在每月有 1600 元工资收入。

夜市自今年 4 月正式运营以来，人气旺盛，生意火爆。贫困户在夜市经营上尝到了甜头，奔向幸福日子的劲头更足了。

帮助高校毕业生就业

泽普县持续加大做好大中专毕业生就业创业工作，坚持促进就业和鼓励创业相结合，政策引导和服务创新相结合，针对大中专毕业生自身特点畅通就业渠道，全面促进了大中专毕业生创业就业工作有效开展。

在泽普县智慧呼叫产业园，百余名工人正在忙碌着，艾尔斯兰江·阿不都沙拉木是该公司的一员。他 2019 年 6 月毕业于新疆农业大学，毕业后一直没有找到合适的工作，在人社部门的协调下，来到了泽普县智慧呼叫产业园上班，经过几个月的努力，他已经逐步走上了管理层的岗位。

同样在该公司上班的还有毕业于新疆大学的艾克达·买买提，她从学校毕业后回到家乡，便在人社局的帮助下，来到泽普县智慧呼叫产业园上班，现在不但工作稳定，工资待遇也不错。

为高校毕业生提供就业岗位

近年来，县人社部门积极发挥行业部门的作用优势，将大中专毕业生就业创业工作作为工作重点，创业引领就业帮扶、权益保护、做好宣传、设置高校毕业生窗口等措施为高校毕业生提供服务，切实为大中专毕业生提供了良好的就业岗位。

泽普县人社局劳动办主任景红说："通过实施高校毕业生就业创业计划帮助高校毕业生就业，通过招聘活动在我们人力资源市场举办了 6 场招聘会，提供岗位 645 个。2019 年全县有泽普户籍的毕业生 1397 名，通过上述措施使当年就业人员达到 1295 名，就业率达到 92.69%。"

第二节　就近务工　增加就业收益

小作坊变大厂房　群众受益村民致富

"阿经理，听说你们厂制作的沙发、餐桌、茶几等家具质量不错、价格便宜、口碑很好，我们村好多群众都想给新修的安居富民房购置

在家具厂工作的工人

一些新家具呢。"听到有客户要购买产品，新风家具加工厂负责人阿卜杜凯尤木·托合提玉苏普带领群众致富的信心更足了。

古勒巴格乡阿热买里村贫困户人数较多，常年依靠土地为主要经济来源，缺乏有效的脱贫路径。驻村伊始，泽普县卫生局驻村"访惠聚"工作队走访时了解到贫困户阿卜杜凯尤木·托合提玉苏普有木工手艺，家中开了一间不足 30 平方米的家具作坊，但苦于缺乏产地和设备无法扩大规模。为选树脱贫致富典型，经过工作队调研，结合全县正在深入推进"三新"活动家具需求广阔的契机，以及本村木材和富余劳动力较丰富的有利条件，申请了家具加工项目。

为解决厂房问题，工作队和村委会召开群众大会表决同意，将老村委会场所和办公室加以改建，利用项目资金新建厂房 500 平方米，总占地 1240 平方米。厂房设有成品展示区、桌椅加工区、手工布艺区、原料加工区等 8 个功能区，引进雕花、覆膜、封边等机械，可进行中高档家具生产，丰富了产品样式，提高了产品档次和知名度。

通过工作队一对一帮带引导，阿卜杜凯尤木·托合提玉苏普视野更加广阔，家具厂主动吸收群众就业达 127 人，其中贫困户 81 人。自 2018 年 1 月运营以来，总销售额达到 120 余万元，生产各类家具 1.5 万件，人均月工资 1000 元以上。阿卜杜凯尤木·托合提玉苏普本人也入选 2018 年全国攻坚奖推荐候选人，极大地振奋了贫困户的信心。

工作队队长蒋金龙说："千金在手不如一技傍身，为吸引本村人员就业，目前家具厂已在泽普开了 5 家实体展销店，成立了 20 余支装修队伍，新增物流配送、销售等岗位 30 个，集培训、生产、装修、销售于一体，真正实现了群众由农民到技术工的蝶变。下一步，我们将进一步发挥工厂示范带头作用，注重引入现代企业管理经验理念，提升产品档次，拓宽销售渠道，把更多贫困户吸引到厂区内就业，确保促进家具厂在脱贫攻坚中发挥更大作用。"

乡村车间促就业 助力村民增收致富

泽普县始终秉持"稳定就业一人，脱贫致富一家"的理念，积极发挥县、乡、村三级平台作用，把乡村车间建成集培训、就业、创业为一体的精准就业扶贫基地，让农民在家门口就能实现就业，全力巩固脱贫成效。

在赛力乡赛力村的金麦源食品有限公司生产车间内，食品生产线上的面团通过机器的初步加工，再经过一双双巧手的制作，变成了美味可口的面包。该村的阿曼尼沙·艾合买提以前在家只能靠种地维持生活，现在村里成立了乡村生产车间后，她第一时间就报名上班。她说："我们家有五口人、20 亩地，靠种地收入不高，到公司务工以后，月收入达到了 1300 元，提高了生活水平，感谢党和政府给我们提供就业的岗位。"

据悉，金麦源食品有限公司是在

在食品厂工作的工人

赛力乡赛力村老村委会基础上改建成的 800 平方米的标准厂房，前期投入 120 余万元，建成了年产一千万个面包的第一条生产线。该公司目前已吸纳全村 30 余人就业，积极为周边的富余劳动力提供就业岗位，拓宽他们的就业渠道。

金麦源食品有限公司总经理宋占峰说："我们金麦源食品有限公司从 2019 年 2 月成立以来，吸纳周边 30 多名村民就业。最低工资 1200 元，最高工资达到 2500—3000 元。我们为他们提供岗位和培训，让他们通过自己的劳动，增加家庭经济收入，改善家庭生活条件，创造美好生活。"

乡村车间架起群众致富的"彩虹桥"

在依玛乡米尔皮格勒村宽敞明亮的彩虹生产车间里，20 多名妇女在流水线上忙碌着，巧手翻飞间，一块块布料制成了袖子、口袋、衣领等部件，经过接合、整烫等过程，一件件崭新的工装制作完成，静待包装运输，送到订制者手中。

彩虹生产车间成立于 2018 年 12 月，中石油西部钻探工程有限公司在"访惠聚"驻村工作队项目申请的牵线搭桥下，村生产车间与库尔勒彩虹服装有限公司合作，专门从事石油劳保服装加工，真正把"生产车间"开到村头，把技术送到农村妇女手里，把岗位落实到贫困妇女身上。为保证惠及民生的好项目持久发力，让群众享受实实在在的红利，工作队从抓订单、

在服装厂工作的工人

稳队伍入手，注重稳固员工思想，设立"保底＋计件"激励办法，调动生产积极性，确保达到可观收入。通过系统的技术培训，最大限度地让每位有意愿的贫困家庭妇女都能掌握一技之长，不仅有效地破解农村妇女就业难题，还帮助广大妇女增加经济收入。目前，生产车间月制作衣服1200余套，预计年收入60多万元。

正在给一件工服钉扣子的努尔比亚姆·吐尔逊自从生产车间成立就在这里务工，在厂家师傅的带领下，3个月的时间她由完全陌生到熟练操作，现在已经能单独完成一件衣服的任何部位，每月工资达到2000余元，由家庭主妇变成了一名车间女工。

"因为没有制作过衣服，一开始内心很胆怯，生怕做不好，工作队每天都会安排人员到厂里和我们谈心，消除我们的疑虑，激发我们的动手能力，掌握脱贫致富的一技之长。"提及成长与收获，努尔比亚姆·吐尔逊话语间充满了幸福感。

在政策推动、乡情感动、项目带动下，一大批熟悉了市场需求、掌握了生产技能、积累了管理经验的外出务工人员也回到了村生产车间。阿孜古丽·库尔班就辞去了县城成衣店的工作回到了乡村，成为车间班长。她说："村里建成了生产车间，在家门口就实现就业，现在我可以挣钱顾家两不误。"

"驻村以来，工作队用心用情用力解决的一件件小事就像一块块坚固的基石，架起了一座干群心连心的"彩虹桥"。正是这一座座"彩虹桥"让工作队员走进了村民的家中、心中。乡村生产车间的建立使人才和技术涌向农村、政府资

帮助村民掌握制衣技术

金和社会资本下乡、农村土地得以盘活，实现了群众就业，为新时代乡村振兴和脱贫攻坚找到了重要载体。"村党总支"第一书记"、工作队队长方木生说。

核桃深加工　走出致富路

2019 年 9 月 24 日，位于泽普县古勒巴格乡阿热硝巴扎村的裕丰园果业有限公司的车间里，来自全乡 14 个村的 150 多位村民正在忙着砸核桃、分选核桃。作为古勒巴格乡最大的核桃收购、分级、销售企业，厂里 80% 以上的员工都是本乡农村妇女。

家住阿其玛村的阿依古丽·赫依提是两个月前工厂一开工就来到这里上班的，她的岗位负责核桃去皮取仁分级工作，砸一公斤核桃，可收入 1.2—2 元，每天工作六七个小时，一天能挣 50 多元，还能照看孩子，稳定的收入来源让她干劲十足。

为了巩固脱贫成效，古勒巴格乡各级"访惠聚"工作队在发展核桃产业上重点下功夫，针对核桃种植技术水平参差不齐的现状，根据生产关键环节，开展核桃夏季管理、贮藏管理、冬季修剪等生产技术专题培训，引导种植户通过自身努力掌握一技之长，推动核桃产业发展。同时，申请扶贫项目，支持合作社和核桃企业入驻发展壮大，并引导富余劳动力到厂里务工增加收入。

裕丰园果业有

正在挑选核桃的村民

限公司的创办，不
仅为古勒巴格乡解
决了核桃销售问
题，还解决了当
地群众的就业问
题。负责人安彦军
介绍："公司正是看
到了优质核桃产源
地和劳动力充足的
优势，将厂子建在
阿热硝巴扎村。目

打包称重核桃的村民

前，公司可消化全乡 14 个村产出的核桃。在解决就业方面，公司积极招聘像阿依古丽一样的富余劳动力、年长者及残疾人来厂里务工，助力他们早日增收致富。"

"我家的 6 亩核桃往年经常因为品质不好或者价格不理想等滞销，最后错过了核桃销售的最佳时段且价格不高。现在家门口有了收购企业，不仅核桃不愁销路，而且使我从一个家庭主妇变为产业工人，收入在不断地上涨，自己也更加自信了。"阿依古丽·赫依提说。

转移就业开启新生活

党的十九大报告提出，要坚持就业优先战略和积极就业政策，实现更高质量和更充分的就业，提供全方位公共就业服务，促进农民工多渠道就业创业。近年来，泽普县通过建立乡村生产车间引进企业入驻，为各乡镇农村富余劳动力搭建就业平台，不仅让他们实现了从农民到产业工人的转变，在家门口实现就业，还让当地群众在就业增收的过程中，收获满满的获得感和幸福感。

"枣知道"果品农民专业合作社赛力乡生产车间于 2019 年 9 月落

挑选核桃的村民

地赛力乡荒地村，主要从事核桃收购、分级、销售等生产加工，现有员工45名。该村村民吐尔逊·巴拉提和妻子也来到车间上班。因为家里没有地，只能外出打工，收入不高，家里的日子也过的不好，现在夫妻俩都来到厂子工作以后，每个月都有稳定的收入，日子是越过越好。对于未来的生活，夫妻俩始终坚信，有了党和政府的好政策，加上自己的勤奋努力，生活一定会再上一个台阶。

现如今，在"枣知道"果品农民专业合作社赛力乡生产车间像吐尔逊·巴拉提这样的工人还有许多，吐尔逊古丽·依名尼亚孜也是其中之一。她以前在家照顾老人和孩子，比较清贫，现在来到厂子务工以后，每个月都有一定的收入，日子是越过越好。她说："以前我在家照顾老人和孩子，在工作队的帮助下，我来到厂子里务工，希望通过自己勤劳的双手，增加家庭收入，过上文明现代的幸福生活。"

合作社里丰收在望

"枣知道"果品农民合作社里，村民们正在将拉运来的核桃一袋袋卸下车，有的工人在忙着对收购的核桃过磅、称重，有的工人在给核桃去壳、筛选、分拣，一片热火朝天的劳动景象，丰收的喜悦洋溢在每一个人脸上。

泽普县古勒巴格乡的帕提古丽·如则一大早拉上自家采摘的一

车核桃，这边一过完称，就可以结算了，一边交货一边收钱，让她格外高兴。"枣知道"果品农民合作社理事长吴东声表示："合作社从 9 月 25 日开始收购核桃，目前已收购核桃 3500 余吨，合作社通过

村民们正在挑选丰收的核桃

同乌鲁木齐、河北、河南、四川等地签订了 7000 吨核桃购销协议，建立产销对接机制，有力促进了农产品的销售。部分核桃、红枣等农产品经过加工后，还出口销往巴基斯坦等地。"

通过合作社经营，有效解决了农产品产销矛盾，促进了当地农民核桃、红枣等农产品的销售。同时，稳定促进当地人员就业，"枣知道"果品农民合作社已实现稳定就业 350 人。正在忙碌着挑拣核桃的古勒巴格乡村民提拉尼沙·买买提在这个合作社务工快 1 年了，每月工资 2000 元左右。

泽普大力推进产业促脱贫、产业促增收，全县种植特色林果 53 万亩，其中核桃 24 万亩，人均林果面积 3 亩。泽普县除了在调结构、抓规范上下功夫外，还在促销售、加强产后服务上下功夫。发挥全县 41 家农副产品加工企业和农民合作社作用，采取"企业＋合作社＋农户"的模式，既解决贫困群众的稳定就业问题，又拓宽销售渠道，解决了农产品销售问题，有力促进了农业增效、农民增收。

第4章

激发动力促脱贫

第一节　加强村规民约　促进乡风文明

小规矩带来新风尚

俗话说"百姓百姓百条心",要把一个村的大事小情办得妥妥当当,让每个人都赞同绝非易事。近年来,泽普县各村从百姓意愿出发,从民生民情出发,制定了一系列土生土长的规章制度,懂地情、接地气,立足于基层,扎根于群众,各村的"村规民约""土制度"成了"制胜法宝",实现了村民"自我教育、自我管理、自我服务、自我监督"的目标。

各村把"村规民约"的制定和实施过程,变成发扬民主、自我约束、自我管理的过程。坚持"三下三上",确保民主公开。村规民约的制定按照"根据群众意愿草拟初稿、村'两委'商议、征求群众意愿修订完善、党员大会和群众大会决议等"多个环节。使村规民约成为基层组织同群众之间的"约定",约束力来自群众,在这种约定的"规约"下,涉及公共利益的村级事务按照规范行事,确保公共事务的处理有章可循,起到息诉罢争、调解村民关系、降低治理成本的作用。有村民说"村规民约里的规矩是大家一起商量出来的,我打心眼里愿意遵守,一个村的村民低头不见抬头见,谁也不想因为违反了'村规民约'被点名,丢了面子"。在泽普县布依鲁克乡依斯其格村"村规民约"公示栏内，有涉及邻里之间和睦相处、遵守安全生产条例、积极推广现代生活方式、维护环境卫生、维护民族团结、爱护公共财物等共22条与群众生活息息相关的内容。

泽普县各村把"村规民约"同脱贫攻坚、"美丽乡村"建设等结合起来。赛力乡荒地村在推进村民良好生活习惯的养成方面，把每天早晨打扫庭院、洗脸、梳头、刷牙等小事纳入"村规民约"，定期开展"模范遵守村规民约家庭"评选活动，优秀家庭获得相应积分后，可到村里的"爱心超市"领取相应分值的物品，激励群众养成良好生活习惯，争创遵守"村规民约"最优家庭的积极性。现在的荒地村，家家户户院落打理得井井有条，村民讲究卫生习惯的多了，读书看报学国语的多了，唱歌跳舞健身的多了，学科技用科技的多了，新时代农民不断呈现。县依克苏乡塔尕其村将掌握就业技能、拓宽致富门路等内容也纳入村规民约中，引导群众坚决摒弃"等靠要"思想，充分发挥自身主体作用，靠自己的勤劳双手脱贫致富奔小康。通过村民集体商议表决，对于身体健康有劳动能力，但不愿主动就业、不愿自食其力的村民取消其低保，杜绝"养懒汉"。该村成立的信友服装有限公司吸纳本村村民就业140余人，其中贫困户40余人，通过就业完成了从农民到产业工人的"华丽转身"。该村的布佐拉·热孜克是建档立卡贫困户，自从2017年8月工厂成立后就成为其中的员工，现如今的她已经逐步积累经验成为生产小组组长，也顺利实现了脱贫。

为了不使"村规民约"成为"纸老虎"，发挥其应有的效力和作用。各村推选公道正派、坚持原则、敢于担当、热心为村民服务的老党员、群众代表成立村务监督委员会，村规民约的运行在村务监督委员会的组织下实施。一些不文明的行为，村务监督委员会均要搬出"村规民约"来套一套、量一量、管一管，以规管村的理念被树立起来，乡村治理中的一些"疑难杂症"问题也迎刃而解，村规民约成为村居社区的"小宪法"。阿克塔木乡阿亚格托扎克其村每月对村规民约落实情况逐组逐户检查，对模范遵守的家庭进行大力宣传，评选出"勤劳之星""增收致富星""卫生家庭""文明家庭"，并给予通报表扬，反之则进行通报批评，责令相关人员加以改正，在各农户之间形成了"评、比、赶、学、超"的良好局面。

有村民说："自从有了村规民约，村风好了，环境好了，村民之间互相帮助相处和睦，村里连鸡都没被偷过一只。"村民投身乡村振兴，做一名新时代的新农民的积极性日益高涨，村容村貌也发生了可喜变化，粪土乱堆、垃圾乱倒、污水乱泼、禽畜乱跑等现象也不见了，营造出了文明乡风、良好家风、淳朴民风的良好社会氛围。

对比找差距　奋进再发力

"大家看，这些外来的妇女同胞，当小工每天都有 130 元左右的收入……""艾散江和图尔苏古丽夫妻俩天天起早贪黑，今年又新盖了两座蔬菜大棚，现在已经卖出了 6000 多块钱了……"

在自治区农村信用社联合社驻泽普县奎依巴格乡奎依巴格村工作队组织开展的"治懒"专项整治活动中，工作队副队长张槐带领 20 余名村民实地参观村内施工工地、庭院经济示范户，介绍部分村民自强自立的先进事迹。

进入巩固脱贫攻坚成效之年，如何提振村民自主增收的信心能力，防止出现"返贫"现象成了当前面临的一个重要任务。近期，工作队通过多次入户走访调研发现，部分村民还存在不同程度的"背靠政策晒太阳""不想干、不愿干"的思想情绪。在与村"两委"多次商议后，工作队决定组织开展"治懒"专项整治活动，从思想源头抓起，杜绝"等靠要"。

村民伊力夏提·亚森高中毕业后一直在家待业，邻居口中"游手好闲"的他却眼高手低，在家种地怕辛苦，出门打工嫌工资低，一直没有一份固定的收入。这次"治懒"参观活动让他十分震撼，"没想

指导村民种植蔬菜

到平时我看不上的种菜、打小工等工作，也能有这么高的收入，看着他们凭自己的双手获得收入，我十分惭愧，从现在开始我要向他们学习，踏踏实实到厂子里打工，同时把家里的地种好。"伊力夏提·亚森感慨地说。

"我们家里的院子很大，以前也没想着收拾出来，一直堆着柴火，看见图尔荪古丽家的菜种得这么好，我又羡慕又佩服。"村民布孜乃提·麦麦提参观完后干劲十足，主动留下来，向艾散江夫妻俩请教庭院改造、蔬菜种植技术。

村"第一书记"、工作队队长张军说："授人以鱼不如授人以渔，开展'治懒'活动，营造'幸福是奋斗出来'的浓厚氛围，引导每一个村民做脱贫攻坚的参与者、奋斗者。我们还将以教育和宣传为抓手，开展一系列实地参观、现场培训等活动，通过示范带动作用，帮助村民丢掉怕苦怕累的懒惰思想，养成爱劳动自食其力的好习惯，达到共同增收致富的目的，切实巩固脱贫成效。"

第二节　发展学前教育　助推普惠发展

　　党的十九大报告指出：优先发展教育事业。建设教育强国是中华民族伟大复兴的基础工程，必须把教育事业放在优先位置，加快教育现代化，办好人民满意的教育。让每个孩子都能享有公平而有质量的教育，要从幼儿园做起，办好学前教育，做到"幼有所育、学有所教"。近年来，泽普县加大幼儿教育投入力度，改善办园条件，强化教育管理，促进全县学前教育事业蓬勃发展，现已实现全县 18066 名学前适龄儿童应入尽入，为农村孩子们创造了健康成长的良好环境。

　　人人享有公平受教育的权利和机会，是全面建成小康社会的重要标志之一。从 2016 年到 2019 年，泽普县累计投入资金 8195 万元，新建改扩建 30 所乡村幼儿园，建筑总面积 40956 平方米，每所幼儿园内都设有音体活动室、美术室、图书室、标准食堂等，为小朋友们创设了舒适、安全的室内外环境，同时还为幼儿提供丰富的营养餐，为幼儿健康成长奠定良好的基础。

　　在党和政府的大力支持下，乡村的孩子在家门口就能免费上幼儿园。通过上幼儿园，孩子们有了很大的变化，学会了很多知识。

　　幼儿家长阿米娜·吐尔逊说："每个学期家长会参观

泽普县幼儿园的孩子们

幼儿园时，我看到孩子们吃饭、睡觉的地方条件非常好，家长们很满意，教师们也很关心孩子，孩子也学到很多知识，我们很感谢党和政府的好政策。"

在硬件设施不断提高的同时，自治区党委政府不断提升"软件"水平。为了改善南疆四地州教师不足的现状，启动了南疆学前双语教育干部支教行动计划，充实了全县各幼儿园的师资队伍，在图呼其乡支教的陈煜文便是来自伊犁的一名支教干部。

同样作为支教教师的热依拉·亚力坤，经过一学期的支教生活，在幼儿管理、教育教学方面的素质有了很大的提升。在今后的工作中，她还将继续帮助其他同事，共同提高教学能力，争取做一名合格的幼儿教师。她说："现在一个多学期已经过去了，我现在能够很好地带领这些孩子，孩子们也很喜欢我，所以我要在接下来的生活、工作中帮助那些刚参加工作的老师，帮助提高他们的业务能力。"

在泽普县，一座座幼儿园像花朵一样盛开在各个乡村。走进新建的幼儿园里，一幅幅亮丽的墙画、造型各异的卡通人物，还有精致的手工制品让整个校园充满了童趣，看着学习生活设施配备齐全且全部免费的幼儿教学生活环境，也让教师们心中对未来充满了希望。

县第五幼儿园党支部书记吐尼莎古丽·阿布都外力说："泽普县第五幼儿园是硬件方面全部达标的一所幼儿园，在此基础上，我们也在'软件'方面做了一些工作，包括校园文化建设、教师们的专业素养、安全教育以及孩子们的养成教育，我们做这些是为给孩子们提供一个安全温馨舒适的环境健康成长。"

据了解，泽普县现有幼儿园76所，县直6所，乡镇中心园13所，村级园57所，2017年新建、改扩建农村幼儿园30所。目前，共开设班级444个，全县18066名幼儿全部"应入尽入"，学前三年入园率达到100%。乡村幼儿园的建成，为全县农村幼儿提供了良好的教育环境。

第三节 感恩教育 激发内生动力

巾帼心向党 礼赞新中国

为营造共庆祖国华诞、共享祖国荣光的浓厚氛围，激发各族妇女的家国情怀和爱国热情，2019 年 4 月 11 日，自治区农村信用社联合社驻泽普县奎依巴格乡奎依巴格村"访惠聚"工作队和村"两委"联合举办"巾帼心向党·礼赞新中国"群众性宣传教育活动以及"妇女之家"联谊活动，激发广大妇女的家国情怀和爱国热情。

该村的妇女群众分别表演了《没有共产党就没有新中国》《我的中国心》《团结就是力量》《谁说女子不如男》等精彩的文艺节目，用精彩的歌舞表达对党的热爱、对国家的热爱，展现了新中国 70 年的光辉历程以及妇女事业的发展成就。

村民图尔苏古丽·艾力说："今天，我表演了《谁说女子不如男》选段，表达了自己对国家、对社会、对当前脱贫攻坚贡献一份力量的热情。"

基层宣讲员围绕爱党爱国、民族团结、家庭婆媳和

"巾帼心向党 礼赞新中国"宣传教育活动

睦等主题，用通俗易懂的语言，从自身的感受谈起，使妇女群众意识到民族团结是各族人民的生命线，在党和政府的关怀下，全县各族群

众生活发生翻天覆地的变化，同时也向妇女介绍了家庭教育知识和经验，引导她们更新教育观念，做学习型家长，用积极的态度去对待孩子、影响孩子，帮助孩子塑造健康的人生理念。

活动中，妇女代表还宣读了写给祖国母亲的一封信，同时现场征集妇女手工编织、刺绣等作品，表达各族妇女感恩新时代、祝福祖国之情，为祖国 70 华诞献礼。

奎依巴格乡奎依巴格村妇联主席布加乃提·麦提斯迪克说："开展'巾帼心向党，礼赞新中国'主题活动，引领全村各族妇女向伟大祖国 70 华诞献上生日礼物，以这种方式号召和动员全体妇女热爱党、热爱祖国，忠于党、听党话、跟党走，为社会稳定和长治久安总目标作出新贡献。"

"感恩奋进，自强脱贫"主题巡回宣讲

泽普县委宣讲团宣讲员深入到各乡村生产车间开展以"感恩奋进，自强脱贫"为主题的巡回宣讲活动，教育引导全体务工人员积极通过自己勤劳的双手增收致富。

宣讲员以身边典型脱贫致富人物事迹为例，给务工人员讲解党和国家出台的就业惠民政策，鼓励教育群众进一步转变思想，增强感恩意识、激发巩固脱贫成效的信心和内在动力，用勤劳的付出创造幸福美满的生活。宣讲员精彩的宣讲赢得了现场

泽普县宣讲员正在宣讲

务工人员的阵阵掌声。大家也纷纷表示，要珍惜现在的工作岗位，尽快掌握劳动技能，依靠勤劳的双手增加经济收入，走上小康之路。

依玛乡依玛村生产车间员工布佐热·买买提说："听了今天的宣讲，我致富的信心更强了。今后，我会珍惜现在的工作岗位，靠自己的劳动提高收入，创造美好的生活，带动更多的姐妹到工厂务工，脱贫致富。"

巡回宣讲活动覆盖全县各乡镇生产车间，以面对面宣讲的方式，进一步激发群众内生动力，增强靠勤劳双手增收致富的信心和决心。

脱贫攻坚专题文艺演出

为巩固脱贫攻坚成效，持续激发脱贫内生动力和活力，在精神扶贫上下功夫，既扶智又扶志，2019 年 8 月 20 日，泽普县文工团和县宣讲团宣讲员走进波斯喀木乡库其村开展脱贫攻坚专题巡回宣讲暨文艺演出活动，积极鼓舞群众，坚定群众改变贫困的信心和决心。

欢快的集体舞正式拉开了文艺演出的序幕，演员们用美妙的音乐、动感的舞步，将最美的祝福和赞美献给脱贫攻坚一线的干部群

脱贫攻坚专题宣讲暨文艺演出活动

众。通过歌舞、杂技等多种表演方式，一次次点燃了全场观众的热情，精彩的演出赢得了现场观众的热烈掌声。

随后，宣讲员用接地气的语言为现场群众详细解读了各项惠民政策。围绕弘扬现代文化，去除"等、靠、要"思想等内容进行了宣讲。活动不仅为广大干部群众送去了一份丰厚的文化大餐，同时更激活了群众发展生产，彻底摆脱贫困的信心和决心。

波斯喀木乡库其村村民买买提·吐尔孙说："今天的脱贫攻坚宣讲很生动，我们很喜欢这样的宣讲形式。通过今天的宣讲使我明白，幸福是奋斗出来的，我们要靠自己的努力奋斗过上好日子。"

通过开展文艺演出和宣讲的方式，从精神鼓舞、文化发展、营造氛围等层面，发挥文化在脱贫攻坚工作中的助力作用，激发广大群众共同致富奔小康的热情。

第5章

构建绿色生态屏障

第一节　生态优先　播种绿色希望

汇聚千家绿色心　共建万亩生态林

早春三月，草长莺飞，冬天的寒意还未褪尽，春天带着绿色的气息向我们走来。在这一年中最美好的时节，中国石油西部钻探公司驻泽普县依玛乡托万喀拉尤勒滚村"访惠聚"工作队带领全体村民趁着这春意盎然的大好时光，在大自然中亲手种下一棵棵小树，体会播种的乐趣，感受春日的气息。

2019 年 3 月 10 日，村第一小队的植树现场，呈现一派紧张有序的劳动景象，300 余名参加植树的干部群众个个热情洋溢、干劲十足，有的拿铁锹，有的运树苗，你追我赶，比干劲、比进度，各

村第一小队的植树现场

个环节衔接有序，样样做得认真到位，个个忙得满头大汗。到处都是忙碌的身影和劳动的欢声笑语……经过一番紧张的劳动，一排排新栽下的树木昂然挺立，在和煦的春风中展露出勃勃生机。

在植树的人群中，青年团员吐逊·巴拉提和伙伴们干得格外起劲，按照"三埋两踩一提苗"的技术规范，挖好每一个坑，量好每一个间距，种好每一棵树。"今天我和大家一起参加了植树活动，感觉非常有意义，植树造林种下的既是绿色树苗，也是喀拉尤勒滚村美好的未来"，吐逊·巴拉提边培土边对伙伴们说。

村党支部"第一书记"、工作队队长吐尔逊·买买提说："3 年来，工作队每年都会组织全村群众，特别是广大青少年参加植树活动，倡导建设绿色、健康的人居环境，培养大家热爱自然、保护生态环境的意识，强化了保护生态平衡和绿化家园的责任感，增强了群众的活力、凝聚力及团队精神，为建设新型农村贡献一份力量。"

复垦土地披绿装

泽普县阿克塔木乡通过对危旧房屋进行清理拆除，把复垦的土地分给没有土地和少地的农民。同时，在清理出的土地上及时栽种上树木。

正在栽种树木的村民

2019 年 3 月 15 日，阿克塔木乡阿克塔木村的村民正在清理出的土地上进行植树活动，到处都是忙碌的身影，大家有的挖坑、有的培土，每个人都一丝不苟、认真细致，一番热火朝天的劳动后，一棵棵新栽种的苹果树苗亭亭玉立，在明媚的春光中展现勃勃生机。

村民达吾提·买买提说："在党和政府的帮助下，我们一家搬进了安居富民房，通了水电暖，告别了土坯房和危房。村里在看到我家土地少的实际生活现状后，把拆迁危旧房屋清理出来的土地分给我4.6亩，今天我们跟干部们一起种苹果树，我要管理好这些果树，提高家庭收入，感谢党和政府这么关心我们，解决了我家的大问题。"

阿克塔木村支部书记艾尔肯·图尔逊说："此次义务植树活动，是利用拆除危房的70亩地，种植了上百棵苹果树苗，并结合村里土地实际情况对扶贫产业进行了调整，为18户少地农民调剂了土地，此次活动强化了阿克塔木村村民建设绿色家园的主人翁意识，营造了'植绿、护绿、爱绿'的浓厚氛围，同时也为困难群众播种了绿色希望，为脱贫攻坚注入了绿色动力。"

香飘数十里　绿化美家园

走在金湖杨至布依鲁克乡的乡间道路上，沿路繁花簇簇，微风吹过，花香漫延数十里，沉醉在氤氲的花香中，使人心旷神怡。这条路成为了泽普一道亮丽的风景线，也成为了泽普生态旅游的重要组成部分。

据了解，此林带长16公里，是连接金湖杨5A级景区和布依鲁克乡

乡间道路两旁的沙枣花

塔吉克民族风情小镇的纽带，2016年3月根据土壤环境种植了具有顽强生命力的沙枣和胡杨，三年多的时间，沙枣和胡杨已深深地扎下了根，长得郁郁葱葱，成为戈壁滩上的一道绿色屏障。

近年来，泽普县牢固树立"绿水青山就是金山银山"的理念，坚持不懈开展城乡绿化工作，以居民区为核心，对房前屋后、空地做到能绿尽绿、见缝插绿。在泽普县赛力乡荒地村村民亚森·多来提的院前，几棵樱桃树迎风摇曳，一畦畦菜苗绿油油的，好似一幅优美的乡村画景。亚森·多来提说："我们家家户户院前都种上了果树，既有水果吃，还可以绿化环境，美化我们的家园。"进入搬迁安置点桐安乡，道路旁成排的沙枣、胡杨迎风舒展着枝条，为戈壁大漠注入了勃勃生机。泽普县今年春季植树节期间在桐安乡种下了2000亩苗木。

2019年泽普县开展春季植树造林1.3万余亩，为确保栽一棵活一棵，县林业局组成造林技术指导小组对植树造林开展技术指导，把好整地、挖穴、种苗、栽植、浇水、管护关。通过近几年努力，"三个公园（金湖杨国家森林公园、叶尔羌河国家湿地公园、梧桐生态公园）、三棵树（红枣树、胡杨树、梧桐树）、一座城（全国十佳休闲小城）"已成为泽普的旅游名片。

第二节 旅游先行 擦亮泽普名片

泽普："漂着金子的河"

泽普，维吾尔语意为"漂着金子的河"。全县总面积989平方公里，全县森林覆盖率40.38%、绿地率39.4%、绿化率48.4%、绿洲面积占86.3%。境内有金湖杨国家5A级旅游景区、叶尔羌河国家湿地公园等多个景点，享有"泽普滋润，梧桐天堂"的美誉，获得"华夏梧桐第一县"和"中国有机红枣种植面积最大县"两项上海大世界吉尼斯纪录，是一个旅游休闲的宜居小城。

民俗文化展示

游泽普 先从美景说起

金湖杨景区，是南疆首个国家 5A 级旅游景区，风景区内天然胡杨林面积广达 1.8 万亩，春天百鸟欢歌，生机盎然；夏季浓荫蔽日，

夕阳下的湿地公园

美丽的湿地公园

杂花生树；入秋黄叶尽染，如诗如画；冬日银装素裹，满目苍劲。"胡杨、水、绿洲、戈壁"四位一体的独特自然风貌向人们展示了一幅塞外边疆的独特画卷，堪称塔里木盆地西南边缘不可多得的一处旅游圣地。

叶尔羌河国家湿地公园，是一处湿地率高达 98.8%，于我国西部干旱区罕见的河滩芦苇沼泽湿地，水源、野生动植物资源丰富，是当地的"绿色水库"。其中自然环境优良，是塔克拉玛干沙漠西边稀缺的湿地资源，也是维持荒漠区独特的生物多样性、保护人类生存环境的绿色屏障。

梧桐生态公园，位于泽普县城内，占地面积 1000 亩，有梧桐、红叶桃、丁香、榆叶梅、五角枫、塔松和女贞等共计 13 万株树木，并配套修建了凤凰湖、凤凰岛、凤凰桥，内设"金凤凰"雕塑、小广场、垂钓台、民俗风情苑、生态湿地、游泳池、水车和 8 个湖心高地观景亭等一批景观和设施，集休闲、娱乐、观景、游玩于一体。

当前，泽普已形成了以金湖杨景区为龙头，梧桐生态公园、梧桐天堂、古勒巴格景区、叶尔羌河国家湿地公园等为支撑，覆盖到农业、农村、农民等各个领域的精品旅游线路和特色旅游产品。泽普既拥有胡杨、法桐、湿地、草原、河谷等优质旅游资源，又集聚了少数民族文化、胡杨文化、红枣文化、知青文化等底蕴深厚的文化资源。泽普县还将少数民族传统文化同景区运行结合起来，实现将高空达瓦孜、维吾尔族传统婚礼展演和土陶制作等民间演出业、手工艺制作业等与景区融合运行，推动文艺演出业、手工艺制作业等文化产业景区化，做到文化为旅游增收，旅游让文化添彩。

鸟瞰湿地公园

金湖杨国际滑雪场元旦喜迎客

元旦小长假，天气晴好，气温缓升，节日氛围浓厚，泽普县金湖杨国际滑雪场也迎来了游客冬季滑雪主题游小高峰。

2019年1月1日，泽普县金湖杨国际滑雪场上一片热闹的场景，不少游客全家人齐上阵，一个个雪圈接龙从雪道高处滑下，尖叫声、欢呼声响彻一片，游客在与冰雪的亲密接触中，尽享运动带来的快乐。

　　泽普县金湖杨国际滑雪场负责人卞经理表示："滑雪场 12 月 16 日开业，雪场开设有雪地转转、雪圈、雪地小坦克、雪地迷宫、雪地大闯关、雪船、双人滑雪板等项目，充分满足青年、儿童等不同群体的娱乐需求，元旦节日期间平均每天游客量 400 人以上，也有邻近县市的游客约上几个好友一起来滑雪场体验冰雪运动的乐趣，我们也从提高服务水平、增加服务项目、增强服务设施等方面努力，给喜欢户外运动的游客在运动的同时，带来一丝暖意，打造一个暖意融融的滑雪世界。"

　　游客王娟说："今天 11 点我就到了滑雪场，带着弟弟妹妹来滑雪，大家都玩得很开心。"

　　泽普县文体局相关负责人说："金湖杨国际滑雪场旅游项目与泽普金湖杨景区相得益彰，对丰富泽普县旅游产品体系，填充南疆地区冬季旅游空白，促进发展文化旅游产业，实现泽普'旅游城市'规划具有重要意义。"

金湖杨国际滑雪场

金湖杨景区迎来小长假客流高峰

春色正撩人，五一小长假的第一天，天气晴好，风和日丽，放松心情和休闲游成了很多游客和市民的首选。今天，金湖杨国家 5A 级景区迎来了小长假的客流高峰。

5 月 1 日，金湖杨国家 5A 级景区春色正浓，景色秀丽，美不胜收，许多游客慕名而来。

来自阿勒泰的游客刘洋说："今天非常有幸来到长寿村。这里景色非常迷人，人民非常热情好客。我们体验到了最淳朴的饮食文化和迷人的景色。"

阿图什游客谢木西努尔·艾尼瓦尔说："我们是从阿图什和朋友、家人一起来的，今天的天气很好，这里的风景也很好，有好吃的各类小吃，是五一休闲娱乐的好去处。"

景区内层林尽染，随处可见一片片五彩斑斓、灿烂辉煌的迷人景象。游客们或三三两两或成群结队，穿梭于这绿色的海洋之中，享受着大自然的宁静，让游客留连忘返。

游客木斯坦克木·依迪热斯说："今天我跟爸爸妈妈来这里玩，这里的风景优美、鸟语花香，空气清新，树也很多，我爱上了这个地方。而且这里有很多好吃的东西，人也多，可以多认识一个朋友，我们今天玩得很开心，我下次还要带着别的朋友来这里玩。"

县文化体育广播电视和旅游局将依托此次旅游小高峰为契机，在金湖杨景区开展多项趣味活动，让游客赏美景、吃美食、看节目，体验读书、徒步等活动，感受平时忙碌的工作中难得的休闲时光。

再迎援疆旅游包机 上海游客体验泽普风情

5 月的泽普处处弥漫着诱人的沙枣花香。2019 年 5 月 6 日，上海"闵行号"旅游包机的 100 名上海"退休俱乐部"成员闻"香"而来，

包机游泽普的游客合影

齐聚泽普。在为期一天的观光旅游中，游客们先后前往布依鲁克乡塔吉克风情小镇和金湖杨国家森林公园，体验着长寿文化以及胡杨的特殊美景，亲身感受泽普独特自然风光和传统民俗风情。

游客们在前往布依鲁克乡塔吉克风情小镇的路途中，大家不仅为沿途诱人的沙枣花香所陶醉，也被这里特有的塔吉克族建筑和热情的塔吉克族民间艺人表演的歌舞所吸引，在民间艺人的热情邀请下，游客们也跟着旋律学跳民族舞蹈，为游览区增添了欢歌笑语。

在随后金湖杨景区参观中，蓝天碧水互相映衬，胡杨美景倒映在湖水里，精美绝伦的景色让游客流连忘返。大家纷纷感叹泽普之美，并拿起手中的相机用镜头记录下这美好的瞬间。

游客王先生说："来到泽普后，大家对旅游交通路线、景区路线安排等方面都十分满意，还买了很多当地特色农产品，我期待着与大美新疆的再次相聚。"也有游客在聊天时说道，这里的美食太多了，我会通过我的微信朋友圈，好好展现泽普美景、美食、美人，让更多的上海人了解泽普、了解新疆。

"梧桐树下"夜市激发经济新活力

　　走了一天的路，看了一天的景，夜幕降临，游客们纷纷走进泽普夜市，品尝着美食，欣赏着歌舞，享受着"三百佳人连袖舞，一时天上著词声"的曼妙意境。2019 年 10 月 20 日晚 8 点，2019 中国新疆喀什丝路文化胡杨节泽普分会场暨第十一届中国·喀什泽普金湖杨旅游文化节首日活动后，我们可以看到泽普"梧桐树下"夜市，游人如织，热闹非凡。

　　台下，热情好客的老板早就准备好了美味佳肴。烤全羊、卤鸡爪、臭豆腐、牛肉汤、羊杂碎、各色烧烤、海鲜，早已热气腾腾，让人垂涎欲滴，食客们穿梭在夜市中，品尝着美食。

　　台上，县文工团的精彩文艺演出已华丽登场，鼓乐《鼓舞喧天庆

游客们边品尝美食边欣赏表演

唱响魅力泽普

辉煌》、歌舞《魅力泽普》等节目赢得了观众阵阵掌声。游客纷纷举起摄像机、照相机、手机，留下这美好回忆。

近年来，泽普县加快"夜市＋旅游"的发展步伐，按照"商贸文旅"融合发展思路，着力打造集餐饮、购物、娱乐为一体的夜市街区。泽普"梧桐树下"夜市现有商铺7000平方米，特色经营散铺30余个，长期经营商铺40余间，可同时容纳近千人用餐。除了特色餐饮外，还有旅游纪念品、农产品、小商品等供游客挑选，无论当地群众还是外地游客都能在这找到想吃的、想玩的、想买的。目前，泽普"梧桐树下"夜市已成为能满足游客"吃、行、游、购、娱"各项需求的旅游景点，进一步激发了夜市经济新活力。

塔吉克鹰舞助力特色乡村旅游

近日，在泽普县布依鲁克塔吉克民族乡雄鹰广场上，一场别样的舞蹈塔吉克鹰舞激情上演。演员们如雄鹰一般，时而徐展双臂，缓缓前进；时而盘旋翱翔，寻找猎物；时而节奏转快，互相追逐；忽而肩背近贴侧目相视，快步行走，又蓦地分开跃起，如鹰起隼落，由低到高拧身旋转，扶摇直上，又快速旋转下落，当手鼓伴随着鹰笛声响起，尤如帕米尔高原上的雄鹰展翅高飞一般。现场观众发出阵阵喝彩，部分游客情不自禁踏入舞台，一起跳了起来，现场犹如一片欢乐的海洋。

塔吉克族被视为"鹰之族"，对鹰有特殊的感情，视鹰为强者、英雄，甚至连舞蹈的起源都与鹰的习性、动态联系在一起，于是创造了"鹰舞"。鹰舞是中国民间舞蹈中极具特色的传统舞蹈形式，艺术价值很高。

近年来，泽普县布依鲁克乡依托塔吉克风情小镇3A级景区，以打造"少数民族特色村寨"为切入点，推进塔吉克特色文化旅游发展思路，建成了塔吉克民俗展览馆、塔吉克特色美食街、塔吉克

塔吉克族"鹰舞"表演

风情红枣采摘园等，精心编排了塔吉克鹰舞和塔吉克族婚礼舞蹈，形成了旅游一体化的良好格局。该乡还以原始的乡村气息，干净整洁的农村面貌，独特的民族风情等为基础，发展观光休闲、客栈民宿、衣俗体验等乡村旅游项目，让广大游客能近距离体验美丽的塔吉克族乡村，给游客提供一个放松和释怀烦躁情绪的好去处；改善住宿环境，在保持塔吉克建筑特色及其原真性的基础上，加入优质住宿设施，让

游客在享受民族村寨文化的同时，也享受到便捷舒适而又特别的住宿环境，让游客有宾至如归的感觉。游客来到这里可以欣赏一场塔吉克民俗节目，品尝塔吉克特色美食，体验一回塔吉克生活。

泽普红枣旅游节大展风采

2020年10月20日，在第十一届金湖杨旅游文化节中，通过特色农产品品尝展示、红枣评比大赛、吃红枣比赛、网红直播等环节提高泽普的知名度，为泽普红枣大展风采提供平台。

当日，在特色农产品品尝展示和红枣评比大赛中，泽普红枣以独特的品质和口感，深受广大消费者的青睐，各乡镇（场）的展示台前游客人山人海，大家品尝当地的红枣、核桃、苹果等农副产品，并纷纷采购。

第一次来金湖杨国家5A级景区游玩的上海游客王通在特色农产品品尝展示区，品尝到颜色鲜艳、口感甜蜜的红枣，对泽普红枣赞不绝口。他说："我这次来正好赶上了泽普的红枣节。这个红枣给我的印象太深了。颜色好看又饱满，不禁要带回家给家里人尝尝这个味道，下次一定要带他们一起来玩，这个地方太棒了。"

一直以来，泽普县都坚持把发展特色林果业作为促进农村经济发展、加快农民持续增收的战略举措。此次红枣节暨金湖杨旅游文化节泽普县各乡镇（场）提前做好特色农产品展示准备工作，大力推荐宣传当地的特色农副产品，为泽普县脱贫攻坚巩固提升打下了坚实的基础。

当天有一批特殊身份的人员来参加活动，他们通过手机等移动设备进行网络直播，大力宣传泽普的美景以及包括红枣、核桃在内的特色农副产品，以此提高泽普县的知名度。具有6万多粉丝量的网红麦吾郎·吐拉克在泽普县第十一届金湖杨旅游文化节当天，通过手机抖音直播的形式为粉丝推广泽普的美景和特色产品，拓宽特色产品销售渠道，为当地经济发展贡献了一份力量。

泽普网红麦吾郎·吐拉克说："我这次过来看到这么美丽的风景和这么多好玩的东西，我就随手直播，因为我也积累了一定的粉丝量，在这边看

泽普红枣旅游节

到的一些特产，不论是它们的品种还是包装，各方面都做得特别好，我一下子买了好几包，同时也为大家直播，给大家介绍这里的农副产品。"

在吃红枣大赛中，参赛选手争先恐后、争分夺秒地激烈竞争，他们将颗粒饱满的红枣不停地塞进嘴里，台下响起了雷鸣般的掌声。

据了解，金湖杨旅游文化节已成功举办了十一届，不仅宣传展示了泽普特色资源，展示了泽普产业发展和广阔前景，更通过旅游文化节这个载体，进一步推广泽普的知名度。

泽普特色农产品亮相丝路文化胡杨节

自 2019 中国新疆喀什丝路文化胡杨节在喀什国际会展中心开幕以来，泽普县展馆前每天人头攒动，吸引了不少客商前来参观。

在泽普展厅，红富士苹果、骏枣等农副产品以及石头画、手工艺品等具有浓郁新疆特色文化的产品摆放在展台前，供广大客商前来品尝选购。

客商黑乃力说："我来自山东，非常高兴来到泽普馆，在这里让

正在参观泽普特色农产品的商人们

我感受到了很多不一样的东西，比如这些比较有特色的石头画，是我之前从来没见过的，这里的农副产品非常好，比如说这个枣，刚刚也品尝了，确实口感很棒，比内地的要好吃得多。这里非常精致的工艺品，也让我们大开眼界。"

据了解，在此次丝路文化胡杨节中，泽普县从工业、农业、旅游业三个方面着重推介。工业方面主要突出农副产品精深加工产业，农业方面突出苹果、红枣及玫瑰花茶等，旅游业方面突出金湖杨国家5A级景区等。

第三节　环境改造　建设美丽家园

工作队为民办实事　助推新农村建设

近年来，泽普县各"访惠聚"驻村工作队切实发挥积极作用，牢记使命，持续深化"访民情、惠民生、聚民心"驻村工作，紧紧围绕自治区党委安排部署，为实现总目标持续发力。

走进依玛乡托万喀拉尤勒滚村时，映入眼帘的是一排排错落有致的安居房矗立在道路两旁，还有那平整通畅的柏油路、干净整洁的卫生环境。一直以来，中国石油集团西部钻探工程有限公司驻依玛乡托万喀拉尤勒滚村工作队，始终把美丽乡村建设作为一项工作重点来抓，积极向广大群众宣传环境保护理念，让全体村民共同凝聚到建设美丽乡村的实际行动中去，使乡风民风美起来，加大农村环境综合整治力度，不仅建设了美丽乡村，也让美丽环境在村里落地生根。"我们工作队驻村以后，通过入户走访、面对面宣传的方式，引领农民群众爱护环境、推进生态文明建设，通过我们不懈的努力，我们村的环境面貌有了很大的改变，庭院卫生也有了很大的改善，形成了人人爱护环境，保护环境的良好氛围。"中国石油集团西部钻探工程有限公司驻依玛乡托万喀拉尤勒滚村工作队队员阿迪力·阿不来提说。

村民萨拉买提·阿布都外力高兴地说："在工作队的引导下，我意识到环境对我们生活的重要性，我们首先要从绿化环境做起。在他们的带领下，我们每年进行植树造林活动，使我们的家园变得越来越美。"

依托新的环境、新的房屋，通过文化振兴，潜移默化地改变了村民的思想。入住新房后，村民们摒弃了长期席地而坐、席地而食、席地而睡的旧俗，主动关心卫生和村容村貌。许多村民现在都有了新

中石油驻村工作队正在开会

的奔头，幸福感、获得感油然而生。"现在的生活非常的幸福，我感觉自己赶上了好时代、好政策，感觉日子过得就跟城市生活一样，新式家具都搬进了家里，一家人过得和和美美。"村民阿依加玛丽·阿

不力米提说。

习近平总书记指出：基层必须坚持绿色发展，生态建设也要搞上去。打造美丽乡村，不能等不能靠，而要用自己的双手去奋斗，把美好生活作为我们的目标。如今的村里，道路宽敞，庭院美丽，逐步成为了农村群众安居乐业的美丽家园。乡村变美了，生活变好了，思想也有了很大的转变。

安居之后就要乐业。中国石油集团西部钻探工程有限公司在前期探索建立以"商店、食堂、理发、裁缝、农资"为主体的"五小工程"的基础上，不断拓展，如今已打造出百人织布厂、果蔬保鲜库、水稻和面粉加工厂、农机维修站，同时加快餐厅、烤肉、酒吧、KTV 等配套设施建设。就业人数从前期的 9 人增至目前的 124 人，实现了群众就近就业的愿望。

村民努尔曼姑·玉素甫卡迪尔说："村里的超市开业以后，我就在超市务工，每个月有 1500 元的收入，实现了在家门口就业的愿望，既能增加收入，也能照顾家里，日子过得一天比一天好。"

2018 年 5 月，在派出单位的大力支持下，工作队争取到资金 93.89 万元，引入了德聚仁公司进驻，建成拥有织布机 100 台，占地面积 600 平方米的厂区，完善了地坪、隔断、卫生厕所等配套设施。经过短期的操作培训，村民掌握了技术要领，加上有专人负责机械维修，大家学习织布手艺和务工致富的信心纷纷高涨。村民阿依木尼沙·热孜克说："去年我开始在织布厂上班，现在每个月都有固定收入，我非常感谢党和政府的惠民政策，让我们一家人的生活有了很大改变。习总书记说过，幸福是奋斗出来的，我相信通过自己的努力和国家的好政策，我的生活会越来越幸福。"

在驻村工作队的不断努力下，托万喀拉尤勒滚村的面貌日新月异，村民的生活越来越好。2019 年，工作队进一步夯实稳定基础、凝聚民心民力、建强基层基础，巩固来之不易的脱贫成效。工作队队长胡志勇信心满满地告诉笔者，"2018 年我村人均收入达到了 8700

元，2019 年我们将进一步激发村民的自主创业热情，就业是最大的民生，力争实现全村一户一人就业，人均收入达到 9500 元以上。"

现代化物业走进农村　助推美丽乡村建设

物业服务是现代化城市管理的重要一环。今年以来，古勒巴格乡阿热硝巴扎村积极探索创新实施现代化农村物业管理模式，拆掉城市的"围墙"，让物业服务走进乡镇农村，破解了农村环境治理的难点和痛点，助力乡村振兴，美化乡村环境。

2020 年以来，阿热硝巴扎村结合实际，积极探索创新实施村民委托、公司化运营、业主考核付费的现代化农村物业管理模式，成立泽普县逐梦物业有限公司，工作队协调乡政府解决垃圾清运车 1 辆、办公场所 300 平方米，吸纳了周边 14 名富余劳动力，配齐了拖拉机、装载机等设备，为群众提供垃圾回收运输、市场清扫、水电维修、家政服务等项目。

泽普县逐梦物业有限公司员工布买热姆·阿西木说："我们平常的主要工作是对生活垃圾进行处理，对环境卫生进行打扫，通过我们物业公司使村里的生活垃圾得到处理，进一步

物业公司清运垃圾

优化我们的生活环境，使我们的乡村变得美起来。"

物业公司的成立使乡村实现了现代化农村物业管理模式，家中水电暖有什么问题，拨打物业电话就能上门服务，极大地方便了广大村

民的生活。

目前，位于辖区的乡农贸市场、临街 100 余户商铺，经村民大会表决通过的周边 4 个村 1500 余户，每户每月缴纳 10 元购买了物业服务。物业公司服装和设备配备到位，各类管护制度也逐步挂牌上墙，服务水平逐步提高。

古勒巴格乡副乡长、阿热硝巴扎村党支部书记完颜宏博说："2019 年是美丽乡村建设、环境整治年，成立这个公司后，集中统一清理垃圾，使美丽乡村建设的力度更大一点。"

结语　乡村振兴春风暖　美好生活开新篇

习近平总书记指出，要坚持乡村全面振兴，抓重点、补短板、强弱项，实现乡村产业振兴、人才振兴、文化振兴、生态振兴、组织振兴，推动农业全面升级、农村全面进步、农民全面发展。泽普县立足"两个统筹"真抓实干，充分把握维护社会稳定和经济高质量发展大局，积极推动经济社会事业发展，全县各族群众的获得感、幸福感、安全感不断提升。

"每天早晨起床后我就开始打扫卫生、收拾屋子，准备去工厂上班。"依玛乡阿依艾热克村的清晨宁静祥和，该村的阿依努尔·阿不力孜已经开始忙碌起来。走

在卫星工厂工作的村民

进阿依努尔·阿不力孜的屋里，散发着阵阵香水的味道，这是她打扫房屋时喷洒的。她每天早晨 7 点起床，打扫卫生、做好饭，然后去工厂上班。

阿依努尔·阿不力孜上班的地方是去年 9 月落户在村里的卫星工厂，主要从事服装加工，工厂的落地不仅给她们带来了就业的机会，也让村里的妇女思想开放了，穿着时尚了，学习也积极热情了。不仅如此，上班之余阿依努尔·阿不力孜还和村里的姐妹们一起学习党的方针政策和国家通用语言，现在的她对未来的生活充满信心。

和阿依努尔·阿不力孜一样，该村的阿不都热合曼·吐送是村民眼中有"出息"的大学生，大学毕业后他放弃了在大城市工作的机会，选择回到家乡创业，虽然创业的过程很艰辛，但他没有退缩，依然坚持自己最初的梦想。他说："我大学毕业后虽然在乌鲁木齐找了一份工作，但是我一直想回到家乡自己做一点事，偶然的一次机会去叶城朋友的养殖场，发现这个行业的前景很不错，才下定了决心回家发展养殖产业。"

创业初期，没有任何养殖经验的他，一开始困难重重，但在家人的鼓励和支持下，他不断学习，突破自己，现在的他从一开始的 4 头牛发展到现在的 50 头。作为村里的致富带头人，现在他有了新的想法，建立养殖专业合作社，他想通过这样的方式，带领全村各族群众走上共同富裕的道路。

阿不都热合曼·吐送说："今年我的目标是把牛增加到 50 头，驴增加到 60 头，合作社建立以后，希望更多的人加入到合作社，提高家庭经济收入。"阿依艾热克村的发展是泽普县大力实施乡村振兴战略的一个缩影。泽普县扎实巩固脱贫攻坚成果，全力推进乡村振兴，促进经济社会快速发展，各族人民生活水平不断提高。

后 记

脱贫攻坚是实现我们党第一个百年奋斗目标的标志性指标，是全面建成小康社会必须完成的硬任务。党的十八大以来，以习近平同志为核心的党中央把脱贫攻坚纳入"五位一体"总体布局和"四个全面"战略布局，摆到治国理政的突出位置，采取一系列具有原创性、独特性的重大举措，组织实施了人类历史上规模空前、力度最大、惠及人口最多的脱贫攻坚战。经过 8 年持续奋斗，现行标准下 9899 万农村贫困人口全部脱贫，832 个贫困县全部摘帽，12.8 万个贫困村全部出列，区域性整体贫困得到解决，完成了消除绝对贫困的艰巨任务，脱贫攻坚目标任务如期完成，困扰中华民族几千年的绝对贫困问题得到历史性解决，取得了令全世界刮目相看的重大胜利。

根据国务院扶贫办的安排，全国扶贫宣传教育中心从中西部 22 个省（区、市）和新疆生产建设兵团中选择河北省魏县、山西省岢岚县、内蒙古自治区科尔沁左翼后旗、吉林省镇赉县、黑龙江省望奎县、安徽省泗县、江西省石城县、河南省光山县、湖北省丹江口市、湖南省宜章县、广西壮族自治区百色市田阳区、海南省保亭县、重庆市石柱县、四川省仪陇县、四川省丹巴县、贵州省赤水市、贵州省黔西县、云南省西盟佤族自治县、云南省双江拉祜族佤族布朗族傣族自治县、西藏自治区朗县、陕西省镇安县、甘肃省成县、甘肃省平凉市崆峒区、青海省西宁市湟中区、青海省互助土族自治县、宁夏回族自治区隆德县、新疆维吾尔自治区尼勒克县、新疆维吾尔自治区泽普县、新疆生产建设兵团图木舒克市等 29 个县（市、区、旗），组织 29 个县（市、区、旗）和中国农业大学、华中科技大学、华中师范大学等高校共同编写脱贫攻坚故事，旨在记录习近平总书记关于扶贫工作的重要论述在贫困县的生动实践，29 个县（市、区、旗）是全国 832 个贫困县的缩影，一个个动人的故事和一张张生动的照片，印证着人民对美好生活的向往不断变为现实。

脱贫摘帽不是终点，而是新生活、新奋斗的起点。脱贫攻坚目标任务完成后，"三农"工作重心实现向全面推进乡村振兴的历史性转移。我们要高举习近平新时代中国特色社会主义思想伟大旗帜，紧密团结在以习近平同志为核心的党中央周围，开拓创新，奋发进取，真抓实干，巩固拓展脱贫攻坚成果，全面推进乡村振兴，以优异成绩迎接党的二十大胜利召开。

由于时间仓促，加之编写水平有限，本书难免有不少疏漏之处，敬请广大读者批评指正！

本书编写组

责任编辑：高晓璐
封面设计：林芝玉
版式设计：王欢欢
责任校对：王春然

图书在版编目（CIP）数据

中国脱贫攻坚．泽普故事／全国扶贫宣传教育中心 组织编写．—北京：
　人民出版社，2022.10
（中国脱贫攻坚县域故事丛书）
ISBN 978 - 7 - 01 - 025225 - 4

I. ①中…　II. ①全…　III. ①扶贫－工作经验－案例－泽普县　IV. ① F126

中国版本图书馆 CIP 数据核字（2022）第 197699 号

中国脱贫攻坚：泽普故事
ZHONGGUO TUOPIN GONGJIAN ZEPU GUSHI

全国扶贫宣传教育中心　组织编写

人民出版社 出版发行
（100706　北京市东城区隆福寺街 99 号）

北京盛通印刷股份有限公司印刷　新华书店经销

2022 年 10 月第 1 版　2022 年 10 月北京第 1 次印刷
开本：787 毫米 × 1092 毫米 1/16　印张：9.75
字数：146 千字

ISBN 978 - 7 - 01 - 025225 - 4　定价：42.00 元

邮购地址 100706　北京市东城区隆福寺街 99 号
人民东方图书销售中心　电话（010）65250042　65289539

版权所有·侵权必究
凡购买本社图书，如有印制质量问题，我社负责调换。
服务电话：（010）65250042